TÍTULOS DE INGLÉS MARÍA GARCÍA

- Inglés de una Vez
- Aprende Inglés Deprisa
- 1000 Palabras Clave
- Inglés Móvil
- 100 Clases para Dominar el Inglés

- El Desafío del Inglés
- Inglés SMS
- Ciudadanía Americana
- Pronunciación Fácil: Las 134 Reglas del inglés Americano
- Inglés Para Hacer Amigos

- Inglés para Redes Sociales
- Inglés en la Escuela
- Inglés para Pacientes
- Habla Sin Acento
- Inglés de Negocios

- Inglés para Viajar
- Inglés para el Auto
- Aprende Inglés con los Famosos

Accede al contenido adicional del curso en
www.MariaGarcia.us

Curso de Inglés para Internet y Redes Sociales, de la Teacher de Inglés

Fotografías de cubierta: © Designed by nensuria / Freepik.
Fotografías de interior: © Dreamstime.

1ra. edición: Marzo de 2018. D.R. © 2018.
Derechos reservados de la presente edición en lengua castellana:
American Book Group

ISBN: 978-168-165-631-1
Library of Congress Control Number: 2018932481

Impreso en Estados Unidos

GLOBAL ENGLISH

Curso de Inglés
para Internet y Redes Sociales

Introducción

¡Hola Amigos!

Cada día pasamos más tiempo en Internet y en las redes sociales, así que no es de extrañar haber recibido tantas solicitudes para crear un curso de inglés que se enfocara en el inglés que se usa en línea.

El primer nombre que me vino a la cabeza fue Global English pues, ¿hay algo más global que Internet y las redes sociales? A partir de ahí, pensé en cómo estructurar el curso, y me pareció que lo debía hacer temático: cada unidad, un tema. Y compartirles las palabras y expresiones que más se usan en esas situaciones, a través de un texto que hiciera uso de las mismas.

Cuando termines este curso serás capaz de comunicarte por Internet con facilidad en estas situaciones:

Navegando en internet: conceptos clave del idioma
- E-mails
- Skype, audio y videoconferencias
- Google (search, email, hangouts, google+....)
- Redes sociales (facebook, twitter, instragram, LinkedIn, Pinterest...)
- Online banking
- Online shopping
- Preparando tu viaje
- Reservando tus vacaciones
- Usando el smartphone y tableta
- Mobile Apps
- Qué hacer y qué no en la comunicación en Internet
- Online dating: descubriendo el amor en Internet

Y, como en todos mis cursos, podrás escuchar los audios del curso en Internet, en la web del curso.

¡Bienvenido a mi curso "Global English"!

Con cariño,
María García
La teacher de inglés

www.mariagarcia.us

Índice

- UNIDAD 1. Surfing the web / Navegar por la web _____ p. 9
- UNIDAD 2. Searching for information / Búsqueda de información. _____ p. 15
- UNIDAD 3. You've got email / Tienes un email _____ p. 21
- UNIDAD 4. Googling / Usando "Google". _____ p. 27
- UNIDAD 5. Social Media (I) / Medios Sociales (I) _____ p. 33
- UNIDAD 6. Social Media (II) / Medios Sociales (II). _____ p. 39
- UNIDAD 7. Online Shopping / Compras en línea _____ p. 45
- UNIDAD 8. Online Banking / El banco en línea. _____ p. 51
- UNIDAD 9. Mobile Phones / Teléfonos móviles _____ p. 57
- UNIDAD 10. Apps / Aplicaciones. _____ p. 63
- UNIDAD 11. Online dating / Una cita en línea _____ p. 69
- UNIDAD 12. Touch-screen / La pantalla táctil. _____ p. 75
- UNIDAD 13. Studying Online (I) / Estudiando en línea (I) _____ p. 81
- UNIDAD 14. Studying Online (II) / Estudiando en línea (II). _____ p. 87
- UNIDAD 15. Online Communication / Comunicación en línea. _____ p. 93
- UNIDAD 16. Music / Música. _____ p. 99
- UNIDAD 17. Videoconference / La videoconferencia. _____ p. 105
- UNIDAD 18. Video / El video. _____ p. 111
- UNIDAD 19. Planning a trip (I) / Plani cando un viaje (I) _____ p. 117
- UNIDAD 20. Planning a trip (II) / Plani cando un viaje (II). _____ p. 123
- UNIDAD 21. Selling Online / La venta _____ p. 129
- UNIDAD 22. Classi eds / Anuncios Clasificados _____ p. 135
- UNIDAD 23. Applying for a Job / Solicitando empleo _____ p. 141
- UNIDAD 24. Widgets / Widgets. _____ p. 147
- UNIDAD 25. Miscellaneous (I) / Varios (I) _____ p. 153
- UNIDAD 26. Miscellaneous (II) / Varios II). _____ p. 159
- UNIDAD 27. Internet Do's (I) / Qué hacer en internet (I) _____ p. 165
- UNIDAD 28. Internet Do's (II) / Qué hacer en internet (II). _____ p. 171
- UNIDAD 29. Internet Don'ts (I) / Qué no hacer en internet (I) _____ p. 177
- UNIDAD 30. Internet Don'ts (II) / Qué no hacer en internet (II). _____ p. 183

Unidad 1

Surfing the web /
Navegar por la web

En esta sección se practicarán expresiones
utilizadas al navegar por internet.

Surfing the web / Navegar por la web

En esta sección se practicarán expresiones utilizadas al navegar por internet.

Reading Activity

Rebecca is surfing the web for a nice restaurant to have lunch with some friends. She is searching on www.yelp.com, a good website to read reviews or blogs on different types of restaurants. Her friends would like to eat at a restaurant with a terrace if the weather is nice, so she´s going to check the Google Weather webpage for today´s forecast.

Afterwards, she reads Google´s e-News about the presidential election. She finds an interesting video posted by Fox Newsgroup, but can´t watch it because she needs to download a plug-in. She notices some hateful and discriminatory comments and flags them for bad netiquette. Then, she logs in with her username and password to the social network Facebook and updates today´s event for lunch with her friends. While searching the Internet, a pop-up of a lasagna recipe by Martha Stewart appears and reminds her that she needs to find a recipe to cook dinner for her family tonight. So, she goes to www.allrecipes.com, a user-friendly website filled with virtual recipes. Lastly, she checks Google Traffic to make sure Highway 101 doesn´t have any accidents going southbound and heads out for lunch!

GLOBAL ENGLISH

(Internet & Social Media)

Key words and expressions

Aprendamos vocabulario y expresiones usuales usadas al navegar por internet.

web	web
to surf the Internet	navegar por internet
cyberspace	ciberespacio
e-News	e-News
network	red
virtual	virtual
netiquette	netiqueta, normas de educación en internet
newsgroup	grupo de noticias
password	contraseña
username	nombre de usuario
user-friendly	fácil de usar
pop-up	ventana emergente, pop-up
plug-in	programa adicional, plug-in
check	comprobar, revisar

I prefer the social network Facebook over Myspace.
Yo prefiero la red social Facebook a Myspace.

My blog about cooking has become very popular.
Mi blog sobre cocina se ha vuelto muy popular.

My favorite webpage is Pinterest.
Mi página web favorita es Pinterest.

It's much easier to shop online.
Es mucho más fácil comprar en línea.

Do you have my email?
¿Tienes mi email?

Exercises

Choose the correct option:

1) Facebook is a(n):
a) social network
b) pop-up
c) user name

2) Google is an example of a:
a) netiquette
b) search engine
c) password

3) What is the online version of etiquette?
a) Blog
b) Network
c) Netiquette

4) I need these two things in order to access my email online:
a) Username and password
b) Blog and password
c) Plug-in and password

5) Are you surfing the _____ now?
a) user-friendly
b) pop-up
c) web

KEY
1) a; 2) b; 3) c; 4) a; 5) c.

12

Surfing the web / Navegar por la web

Traducción.

Reading Activity

Rebecca está navegando por internet en busca de un buen restaurante para almorzar con algunos amigos. Ella está buscando en www.yelp.com, un buen sitio web para leer los comentarios o blogs sobre diferentes tipos de restaurantes. A sus amigos les gustaría comer en un restaurante con terraza si hace buen tiempo, por lo que va a revisar la página web "El tiempo en Google" para ver el pronóstico para hoy. Después lee las noticias de Google sobre las elecciones presidenciales. Encuentra un video interesante publicado por el grupo de noticias Fox, pero no puede verlo porque tiene que descargar un programa adicional (plug-in). Observa algunos comentarios malintencionados y discriminatorios y los denuncia por saltarse las normas de educación en internet. A continuación, inicia la sesión con su nombre de usuario y contraseña en la red social Facebook y actualiza el evento de hoy sobre el almuerzo con sus amigos. Mientras busca en internet, aparece una ventana (pop-up) de una receta de lasaña de Martha Stewart y le recuerda que tiene que encontrar una receta para preparar la cena para su familia esta noche. Así, va a www.allrecipes.com, un sitio web fácil de usar repleto de recetas virtuales. Por último, comprueba el tráfico en Google para asegurarse de que la autopista 101 no presenta ningún accidente hacia el sur y se dirige al almuerzo.

Unidad **2**

Searching for information / Búsqueda de información

En esta sección se practicarán expresiones relacionadas con los motores de búsqueda y la seguridad en internet.

Searching for information / Búsqueda de información

En esta sección se practicarán expresiones relacionadas con los motores de búsqueda y la seguridad en internet.

Reading Activity

Rebecca decides to search on the web for information about her competition to help her with her new project for work. She prefers the search engine Google over Bing or Yahoo because it´s more user-friendly and is already set as her homepage when she accesses the Internet. She types Vogue, her competition, into the Google search box and the landing page has over one million hyperlinks. She clicks the first hyperlink to watch a video about Vogue, but can´t because she needs to update her Java Script. She also decides to update her anti-virus spyware to keep her firewall strong and secure. Last summer she accidentally uploaded a worm onto her computer and sensitive information about her company was leaked to the public. While updating her Java and spyware, her Wi-Fi stops working so she checks her router and sees that it´s turned off. She calls the technicians and they tell her she will have to wait until after lunch to use the Internet because the network is down.

Key words and expressions

*Aprendamos vocabulario y expresiones usuales
usadas al navegar por internet.*

"Googling"	*buscar en Google*	modem	*módem*
web search	*búsqueda en la web*	router	*router*
search engine	*motor de búsqueda*	Wi-Fi	*wi-fi, conexión inalámbrica*
homepage	*página de inicio*		
landing page	*página de destino*	anti-virus	*antivirus*
link	*enlace, vínculo, link*	spyware	*spyware, programas espías*
hyperlink	*hipervínculo*	worm	*gusano*
IP number	*número IP, dirección IP, número de identificación de red*	firewall	*cortafuegos*

Google is the best search engine.
Google es el mejor motor de búsqueda.

Groupon is set as my homepage.
Groupon está establecida como mi página de inicio.

I searched about his accident and the landing page had 2,000 hits.
Busqué sobre su accidente y la página de destino tenía 2.000 visitas.

The hyperlink to watch the video wasn´t working.
El enlace para ver el vídeo no funcionaba.

They caught the hacker by tracking his IP number.
Atraparon al hacker haciendo un seguimiento de su número IP.

Exercises

Choose the correct option:

1) Which is an example of a search engine?
a) Modem
b) Yahoo
c) Spyware

2) A _____ is a form of security on a computer.
a) firewall
b) hyperlink
c) homepage

3) The first page I see when I log onto the Internet is my:
a) Landing page
b) Homepage
c) Hyperlink

Searching for information / Búsqueda de información

(Internet & Social Media)

Traducción.

Reading Activity

Rebecca decide buscar en la web información sobre su competencia para ayudarle en su nuevo proyecto de trabajo. Ella prefiere el motor de búsqueda Google a Bing o Yahoo porque es más fácil de usar y ya está establecido como su página de inicio cuando accede a internet. Escribe Vogue, su competencia, en el cuadro de búsqueda de Google y ve que la página de destino tiene más de un millón de hipervínculos. Ella hace clic en el primer hipervínculo para ver un video sobre Vogue, pero no puede hacerlo porque necesita actualizar su Java Script. También decide actualizar su spyware antivirus para mantener su cortafuegos sólido y seguro. El verano pasado, accidentalmente subió un gusano a su equipo e información confidencial de su empresa se filtró a la opinión pública. Al actualizar su Java y el spyware su Wi-Fi deja de funcionar, por lo que comprueba su router y ve que está apagado. Ella llama a los técnicos y le dicen que tendrá que esperar hasta después del almuerzo para usar internet porque la red no funciona.

19

Unidad **3**

You've got email / Tienes un email

En esta sección se practicarán expresiones utilizadas al revisar y enviar correos electrónicos.

Inbox (1)

You've got email / Tienes un email

*En esta sección se practicarán expresiones utilizadas al revisar
y enviar correos electrónicos.*

Reading Activity

Rebecca is organizing her folders in her work email. She creates a folder for her personal email and another folder for spam mail so it won't fill up her inbox. She has received an email that has "Newsletter" in the subject box. She notices her boss is the sender, so she opens it. The newsletter is an attachment, so she downloads it and reads it. In the body of the email her boss instructs her to send the newsletter to her colleague John. Rebecca searches her contact list, but doesn't have John's email. She remembers that John sent her an email last week and retrieves the old email from her trash folder. After she finds the old email, she clicks "Compose" and types John's email address into the recipient box. She types "Newsletter" in the subject box, adds the newsletter as an attachment and presses "Send". Then she goes back to the email her boss sent her, presses "Reply" and informs her boss that she sent the newsletter to John. Afterward, she reads all of her emails, saves the important ones and deletes the others.

Key words and expressions

*Aprendamos vocabulario y expresiones usuales
al utilizar el correo electrónico.*

(Internet &
Social Media)

to receive	*recibir*
inbox	*bandeja de entrada*
attachment	*documento adjunto*
recipient	*receptor, destinatario*
sender	*remitente*
to compose	*redactar*
to organize in folders	*organizar en carpetas*
to retrieve old e-mails	*recuperar correos electrónicos antiguos*
to administer	*administrar*
newsletter	*hoja informativa, newsletter*
to save	*guardar*
to delete	*eliminar, borrar*

Did you send Helen that email?
¿Enviaste a Helen aquel correo electrónico?

Did you reply to John yet?
¿Respondiste a Juan ya?

I have so much spam in my inbox.
*Tengo mucho spam (correo basura)
en mi bandeja de entrada.*

**I'm updating my contact list
for next week.**
*Estoy actualizando mi lista de contactos
para la próxima semana.*

What should I put in the subject box?
*¿Qué debo poner en el recuadro
del asunto?*

Exercises

**Choose the correct question to get
the following answer:**

1) Look in your inbox.
   a) Where is that email I asked you for?
   b) Are you organizing your folders?
   c) Is this an attachment?

Fill the gap with the right option:

2) My _____ contains all of
my saved email addresses.
a) attachment
b) subject
c) contact list

3) The person who
receives my email is the:
a) Sender
b) Recipient
c) Spam

4) I click on this option to
dispose unwanted emails:
a) Delete
b) Save
c) Compose

You've got email / Tienes un email

Traducción.

Reading Activity

Rebecca está organizando sus carpetas en el correo electrónico del trabajo. Crea una carpeta para su correo electrónico personal y otra carpeta de correo basura para que no se llene la bandeja de entrada. Ha recibido un correo electrónico que indica "Newsletter" en el asunto. Se da cuenta de que su jefe es el remitente, por lo que lo abre. La "newsletter" es un archivo adjunto, así que lo descarga y lo lee. En el texto del correo electrónico su jefe le ordena que envíe la "newsletter" a su colega John. Rebecca busca en su lista de contactos, pero no tiene correo electrónico de John. Recuerda que éste le envió un email la semana pasada y recupera el antiguo correo electrónico de su papelera. Tras encontrar dicho correo, hace clic en "Redactar" y escribe la dirección de correo electrónico de John en el cuadro del destinatario. Ella escribe "Newsletter" en el recuadro del asunto, agrega la "newsletter" como archivo adjunto y presiona "Enviar". Luego vuelve al correo electrónico que su jefe le mandó, hace clic en "Responder" e informa a su jefe que ya ha enviado la "newsletter" a John. Después, ella lee todos sus emails, guarda los importantes y elimina los demás.

Unidad 4

Googling / Usando "Google"

*En esta sección se practicarán
expresiones relacionadas
con herramientas de Google.*

Google™

Googling / Usando "Google"

*En esta sección se practicarán expresiones relacionadas
con herramientas de Google.*

Reading Activity

You can search in Google by typing your text in the search box or search by voice by clicking the microphone located at the right hand side of the search box. At the top of Google's main page you will find many different tools. If you need to look at a map or find directions for something, click on the tab that says Maps. Click on YouTube and watch your favorite music video. Find current news in the News tab. If you want to safely store any of your documents online, click on the Drive tab. More tools are located under the More tab. Here, you can click on the Book tab and read books for free, or click the Shopping tab if you need to buy anything online. Also located in the More tab is Blogger and Hangouts. Blogger is an interactive online journal, where you can write about your travels or whatever you like, as well as add pictures. Hangouts is a free tool for group video and voice conversations. If you don't like Facebook, try the social network Google+.

Key words and expressions

Aprendamos vocabulario y expresiones usuales usadas al navegar por internet.

search by voice	búsqueda por voz
search box	recuadro de búsqueda
tab	etiqueta, pestaña
to click on	hacer clic en, presionar
for free	gratis
interactive	interactivo
social network	red social
tool	herramienta
one-to-one chat	chat entre dos persona

I have to check my Google calendar.
Tengo que revisar mi calendario de Google.

I found walking directions on Google Maps.
Me encontré direcciones para ir caminando en Google Maps.

Did you read about that on Google News?
¿Has leído sobre eso en Noticias de Google?

Look for me on Google+.
Búscame en Google+.

I used Google Hangouts to call home.
He utilizado Google Hangouts para llamar a casa.

Exercises

Fill the gaps with the correct option:

1) I _____ this funny video on YouTube yesterday.
a) have seen
b) saw
c) am seeing

2) Did you _____ directions on Google Maps?
a) find
b) found
c) finding

3) She always _____ on Saturday with her family.
a) chat
b) chatting
c) chats

4) I _____ my shopping online tomorrow.
a) will finish
b) will have finished
c) finish

Googling / Usando "Google"

Traducción.

Reading Activity

Tú puedes realizar una búsqueda en Google escribiendo el texto en el cuadro de búsqueda o como búsqueda por voz, haciendo clic en el micrófono situado en la parte derecha del cuadro de búsqueda. En la parte superior de la página principal de Google, encontrarás muchas herramientas diferentes. Si necesitas mirar un mapa o encontrar direcciones, presiona la pestaña que dice Mapas. Haz clic en YouTube y mira tu video musical favorito. Encuentra las noticias de actualidad en la pestaña Noticias. Si quieres almacenar en línea de manera segura cualquiera de tus documentos, haz clic en la pestaña Drive. En la pestaña Más se encuentran más herramientas. Aquí, puedes hacer clic en la pestaña Libro y leer libros de forma gratuita, o presionar la pestaña Compras si necesitas adquirir algún artículo en línea. En la pestaña Más también se encuentran Blogger y Hangouts. Blogger es un diario en línea interactivo, donde puedes escribir sobre tus viajes o aquello que te guste, además de añadir imágenes. Hangouts es una herramienta gratuita para conversaciones en grupo con voz y video. Si no te gusta Facebook, prueba la red social Google+.

Unidad **5**

Social Media I /
Medios sociales I

*En esta sección se practicarán
expresiones relacionadas
con las diferentes redes sociales.*

Social Media I / Medios sociales I

*En esta sección se practicarán expresiones relacionadas
con las diferentes redes sociales.*

Reading Activity

Amy wants to create a network of connections through various social networks. First she creates a Facebook account, which will be her main social network. She logs in and sends some contact requests to friends and family that have Facebook, and decides to update her profile with personal information, places she has been, and her interests. After she finishes, she notices that she is now friends with Tony. She clicks on his profile picture and browses his wall or timeline, groups he belongs to, and albums. She tags herself in one of his pictures, likes it, and writes a short comment. Then she returns to her profile, creates an event for this weekend and posts a status. Before she clicks the logout button, she updates her privacy settings. She also creates a Google+ account for all of her contacts with a Google email, as well as a LinkedIn profile to serve as her professional social network. Next, she creates an Instagram account, signs in, snaps a picture of herself, chooses a filter to change the look and feel, and posts it. Then she creates a Twitter account and starts following her favorite author, who has over one million followers!

Key words and expressions

Aprendamos vocabulario y expresiones usuales usadas en las redes sociales.

(Internet & Social Media)

to log in / sign in	*iniciar la sesión, loguearse*
to log out	*cerrar la sesión*
to create an account	*crear una cuenta*
post	*publicar*
contact request	*petición de contacto*
to tag	*etiquetar*
profile	*perfil*
privacy settings	*configuración de privacidad*
followers	*seguidores*
to share	*compartir*
network of connections	*red de conexiones / contactos*

Did you delete your profile on Facebook?
¿Eliminaste tu perfil de Facebook?

I need to edit my photo albums.
Tengo que editar mis álbumes de fotos.

We tagged ourselves in a picture.
Nos etiquetamos en una foto.

Do you have a Twitter account?
¿Tienes una cuenta en Twitter?

Did you remember to log out?
¿Te acordaste de cerrar la sesión?

Exercises

Fill the gaps with the suitable option:

1) Did you click _____ my profile?
a) in
b) on
c) at

2) Are we friends _____ Facebook?
a) on
b) for
c) about

3) I _____ following her on Twitter for 2 years.
a) have
b) having
c) have been

Choose the right option:

4) Google+ is an example of:

a) a social network   b) an emoticon   c) a contact request

Social Media I / Medios sociales I

Traducción.

Reading Activity

Amy quiere crear una red de contactos a través de diversas redes sociales. Primero crea una cuenta en Facebook, que será su red social principal. Ella se conecta y envía algunas solicitudes de contacto a amigos y familiares que tienen cuenta en Facebook y decide actualizar su perfil con información personal, lugares en los que ha estado y sus intereses. Cuando termina se da cuenta de que ahora es amiga de Tony. Hace clic en su foto de perfil y mira su muro o línea de tiempo, los grupos a los que pertenece y sus álbumes. Ella se etiqueta a sí misma en una de las fotos, hace clic en "Me gusta" y escribe un breve comentario. Entonces regresa a su perfil, crea un evento para este fin de semana y publica una actualización de su estado. Antes de presionar el botón de cierre de sesión, actualiza sus ajustes de privacidad. Ella también crea una cuenta en Google+ para todos sus contactos con correo electrónico de Google, así como un perfil en LinkedIn para usarla como su red social profesional. A continuación, crea una cuenta de Instagram, inicia sesión, toma una foto de sí misma, escoge un filtro para cambiar la apariencia y la publica. Luego crea una cuenta en Twitter y se hace seguidora de su escritor favorito, ¡que cuenta con más de un millón de seguidores!

Unidad 6

Social Media II /
Medios sociales II

*En esta sección se practicarán
expresiones utilizadas
para editar Facebook.*

(Internet & Social Media)

Social Media II / Medios sociales II

*En esta sección se practicarán expresiones utilizadas
para editar Facebook.*

Reading Activity

Amy logs into her Facebook account to edit her profile. She creates an album called "Family 2013" and adds photos from last weekend. She highlights the album so it covers her timeline and deletes some old albums. She also changes the album privacy so only her family can view the photos. She sees she has a friend request from her ex-boyfriend and decides to block him. She browses her news feed, likes one of her sisters' photos, and comments on a photo she is tagged in. Then she accepts an invitation to an event for next weekend. She decides to update her personal information and interests, checks her settings and posts a new status. Before she logs out, she sends a contact request to a friend she met last weekend in her hometown.

Welcome to Facebook

facebook

Key words and expressions

Aprendamos vocabulario y expresiones relacionadas con la actividad en redes sociales.

(Internet & Social Media)

wall, timeline	*muro, línea de tiempo*
request	*solicitud*
post, posting	*mensaje, publicación*
to view	*ver*
followers	*seguidores*
to share	*compartir*
to highlight	*destacar*
to block	*bloquear*
settings	*configuración*

I have never blocked anyone on Facebook.
Nunca he bloqueado a nadie en Facebook.

Do you have many followers?
¿Tienes muchos seguidores?

Peter liked that post and shared it.
A Peter le gustó esa publicación y la compartió.

Exercises

Fill the gaps with the right option:

1) I _____ you a contact request later.
a) sent
b) send
c) will send

2) What do you use social networks _____?
a) in
b) for
c) by

3) I have _____ friends on Facebook!
a) so much
b) much
c) so many

Choose the question to get the following answer:

4) Yes I have.

a) Did you send me a comment?
b) Are you on Facebook?
c) Have you read my comment?

Social Media II / Medios sociales II

(Internet &
Social Media)

Traducción.

Reading Activity

Amy inicia la sesión en su cuenta en Facebook para editar su perfil. Crea un álbum llamado ¨Familia 2013¨ y añade fotos del fin de semana anterior. Asimismo, destaca el álbum de forma que cubra su línea de tiempo y elimina algunos álbumes antiguos. También cambia la privacidad del mismo, para que sólo su familia pueda ver las fotos. Ve que tiene una solicitud de amistad de su ex-novio y decide bloquearlo. Ella navega por su proveedor de noticias, le gustan las fotos de una de sus hermanas y comenta una foto en la que está etiquetada. Luego acepta una invitación a un evento para el próximo fin de semana. Ella decide actualizar su información e intereses personales, comprueba sus ajustes y publica una nueva actualización de estado. Antes de cerrar la sesión, envía una solicitud de contacto a un amigo con el que se reunió el pasado fin de semana en su ciudad natal.

Unidad 7

Online Shopping / Compras en línea

En esta sección se practicarán expresiones relacionadas con las compras en línea.

Online Shopping / Compras en línea

*En esta sección se practicarán expresiones relacionadas
con las compras en línea.*

Reading Activity

Amy is searching Amazon´s online store for a present for Tony´s baby. She prefers to shop via the Internet because department stores stress her out. The online marketplace is very competitive, but she likes amazon.com because they offer a lot of discounts and each of their products are organized by category. While searching for a baby gift, she sees a used book for sale that she has wanted to read. However, she prefers to add it to her wish list to see if she can find a new copy instead. She finds a nice outfit for the baby, but the seller has bad customer reviews. After searching for a while, she finds a pair of baby shoes on sale that is a brand she likes and also has a reasonable price, so she adds the item to her shopping cart. She also adds a gift card. Next, she goes to make an online payment. Since she already has all of her account information in the system, she only has to update her billing information. She doesn´t have to pay for shipping because she spent more than $25 and her item will leave the warehouse in one day.

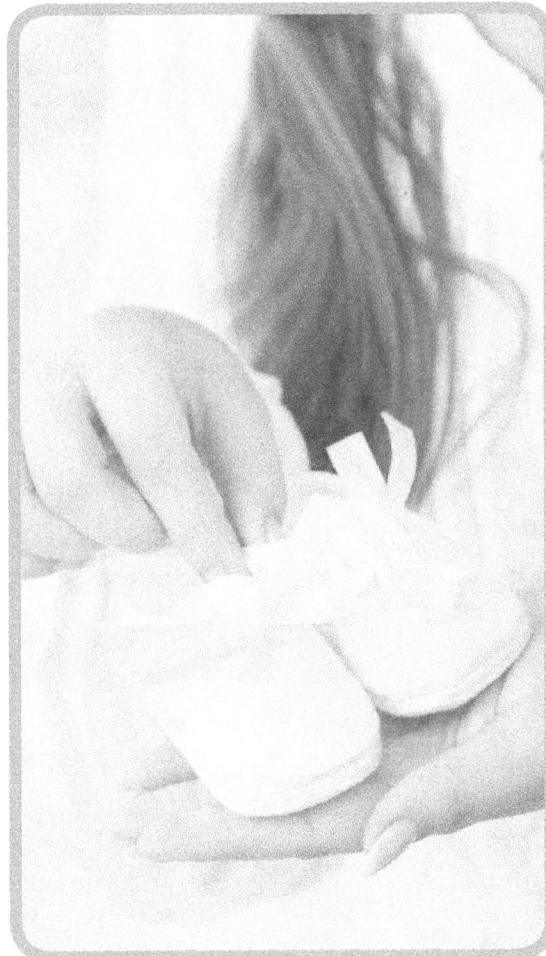

Key words and expressions

*Aprendamos vocabulario y expresiones usuales usadas
al comprar algún producto en línea.*

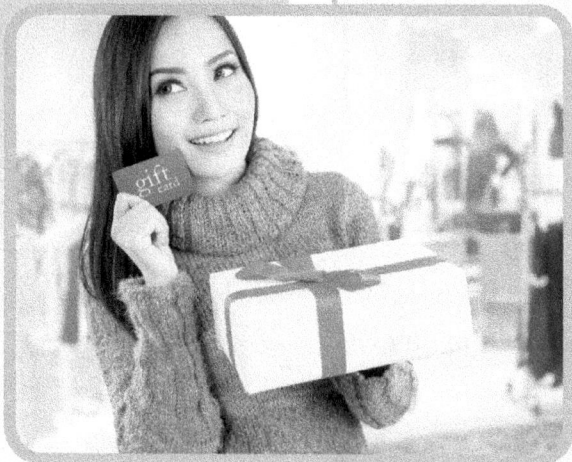

to stress someone out	*estresar a alguien*
shopping cart	*carrito de la compra*
online marketplace	*mercado en línea*
online payment	*pago en línea*
billing information	*información de la facturación*
category	*categoría*
customer review	*valoración / crítica de los clientes*
price	*precio*
discount	*descuento*
seller	*vendedor*
buyer	*comprador*
gift card	*tarjeta de regalo*
item	*artículo*
warehouse	*almacén*

**Did you use a promotion code
for the discount?**
*¿Utilizaste un código de promoción
para obtener el descuento?*

She gave me a gift card for $100!
*¡Ella me dio una tarjeta de regalo
de $100!*

**I'll add this item
to the shopping list.**
*Añadiré este artículo al carrito
de la compra.*

What is your favorite shoe brand?
*¿Cuál es tu marca de zapatos
favorita?*

Exercises

Fill the gaps with the right option:

1) I need to buy another _____.
a) way
b) item
c) matter

2) I _____ her a gift card for her birthday.
a) buy
b) has bought
c) bought

3) Have you ever _____ an online payment?
a) made
b) done
c) bought

48

Online Shopping / Compras en línea

(Internet & Social Media)

Traducción.

Reading Activity

Amy Amy está buscando en la tienda online Amazon para hacer un regalo al bebé de Tony. Prefiere comprar por internet, ya que los grandes almacenes le estresan. El mercado en línea es muy competitivo, pero a ella le gusta amazon.com, ya que ofrece una gran cantidad de descuentos y sus productos están organizados por categorías. Mientras busca un regalo para el bebé, ve un libro usado que quería leer a la venta. Sin embargo, prefiere añadirlo a su lista de deseos para ver si puede encontrar un nuevo ejemplar del mismo. Encuentra un conjunto bonito para el bebé, pero el vendedor tiene malos comentarios por parte de los clientes. Después de buscar durante un rato, encuentra a la venta un par de zapatos de bebé de una marca que le gusta, también a un precio razonable, por lo que añade el artículo a su carrito de la compra. Así mismo, añade una tarjeta de regalo. A continuación va a realizar el pago en línea. Como ella ya tiene toda la información de su cuenta en el sistema, sólo precisa actualizar su información de facturación. No tiene que pagar el envío porque superó los $25 y su artículo saldrá del almacén en 1 día.

Unidad **8**

Online Banking /
El banco en línea

En esta sección se practicarán
expresiones relacionadas
con el banco en línea.

Online Banking / El banco en línea

En esta sección se practicarán expresiones relacionadas con el banco en línea.

Reading Activity

Rebecca prefers to pay bills or deposit checks online, so she doesn't have to go to the bank and deal with a teller. After logging into her online banking account, she clicks on the tab at the top that says Bill Pay. Here, she enters the information for her phone company and her payment amount and pays her phone bill for the month. Her receipt is stored online, in case the phone company has any problem with her payment. Next, she takes a picture of the front and back of a signed check with her cell phone, verifies the information, and sends it to her bank using her mobile banking application. She verifies that the bank has received her check by clicking on the tab at the top of the page that says Accounts and views her online statements and balances. The funds from her check are listed in her account activity, but she notices an ATM transaction that details two debits for eighty dollars twice from the same ATM machine. She knows that's incorrect, so she clicks on the tab that says Help and Support to chat with a customer service representative.

53

Key words and expressions

*Aprendamos vocabulario y expresiones relacionadas
con la actividad bancaria.*

online banking	*banca / banco en línea*
teller	*cajero (persona)*
ATM	*cajero automático*
customer service	*servicio al cliente*
representative	*representante*
to pay bills	*pagar facturas*
deposits	*depósitos*
funds	*fondos*
account activity	*actividad de la cuenta*
statements and balances	*extractos y estado de la cuenta*
reports	*informes*

Can you make online transfers?
¿Puedes hacer transferencias en línea?

I need to check my banking account.
Necesito revisar mi cuenta bancaria.

When paying online your signature is not needed.
Cuando se paga en línea no es necesaria tu firma.

I don't need a receipt.
No necesito un recibo.

Did you receive my payment?
¿Recibiste mi pago?

Exercises

Fill the gaps with the right option:

1) Have you already paid your phone _____?
a) bill
b) statement
c) account

2) Do you have an online banking _____?
a) account
b) counting
c) count

3) The machine you use to withdraw money on the street is a(n) _____.
a) teller
b) bank
c) ATM

Online Banking / El banco en línea

Traducción.

Reading Activity

Rebecca prefiere pagar facturas o depositar cheques en línea, y así no tiene que ir al banco y tratar con un cajero. Después de iniciar sesión en su cuenta bancaria en línea, hace clic en la pestaña de la parte superior que dice Pago de Facturas. Aquí, introduce la información para su compañía de teléfono y la cantidad que tiene que pagar y abona su factura mensual de teléfono. Su recibo queda almacenado en línea por si la compañía telefónica tiene algún problema con su pago. A continuación, con su teléfono móvil toma una fotografía del anverso y reverso de un cheque firmado, verifica la información y la envía a su banco usando su aplicación de banco móvil. Comprueba que el banco ha recibido su cheque haciendo clic en la pestaña que dice Cuentas, en la parte superior de la página, y revisa sus extractos y estado de cuentas en línea. Los fondos de su cheque aparecen en la actividad de la cuenta, pero ve una operación de un cajero automático que muestra que ella retiró ochenta dólares dos veces en el mismo cajero. Sabe que se trata de un error, por lo que hace clic en la pestaña que dice Ayuda y Soporte Técnico para hablar con un representante del servicio al cliente.

Unidad 9

Mobile Phones / Teléfonos móviles

En esta sección se practicarán expresiones que pueden ser usadas al comprar un teléfono móvil.

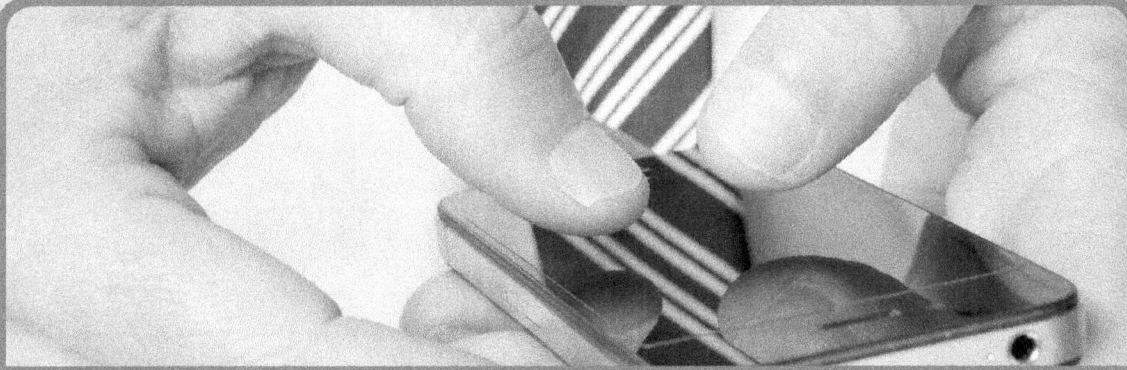

Mobile Phones / Teléfonos móviles

(Internet & Social Media)

En esta sección se practicarán expresiones que pueden ser usadas al comprar un teléfono móvil.

Reading Activity

Ryan is looking for a new mobile phone. He wants to upgrade to a Smartphone that is 4G capable. He thinks about buying a refurbished cell phone, but decides he'd rather have a new device. He compares all of the cell phones at the cellular store and decides on an Android phone. The phone he chooses has a camera with seven megapixels that can take panoramic photos. The battery lasts eight hours and the memory card holds sixteen gigabytes. He decides to get the unlimited plan which includes unlimited messaging, talking and Internet. He also chooses a Bluetooth headset for when he is driving or to use at work. He also decides to buy a hotspot device for his phone, which will allow him to access the Internet on his laptop by using the Internet from his phone. Then he buys a charger for his car and a case to protect his phone.

Key words and expressions

Aprendamos vocabulario y expresiones usuales acerca
de teléfonos celulares o móviles.

(Internet &
Social Media)

mobile phone / cell phone	teléfono móvil / celular
(portable) device	dispositivo (portátil)
Smartphone	teléfono inteligente / smartphone
upgrade	mejorar
megapixel	megapíxel
panoramic photos	fotografías panorámicas
hotspot	lugar con red inalámbrica
headset	auriculares
refurbished	renovado

The photos are on my memory card.
Las fotos están en mi tarjeta de memoria.

I lost my phone charger yesterday.
Perdí el cargador de mi teléfono ayer.

My battery is dead.
Mi batería está agotada.

I have unlimited messaging.
Tengo servicio de mensajería ilimitado.

I added a line to my plan for twenty dollars.
Añadí una línea a mi plan por veinte dólares.

Exercises

Choose the correct question to get the following answer:

1) It´s a Smartphone.

a) What kind of phone is that?
b) What plan do you have?
c) What are those objects?

Fill the gap with the right option:

2) Are you thinking _____ a new cell phone?
a) to buy
b) buying
c) of buying

3) I have no access to the Internet _____ my laptop.
a) in
b) at
c) on

KEY
1) a; 2) c; 3) c.

Mobile Phones / Teléfonos móviles

Traducción.

Reading Activity

Ryan está buscando un nuevo teléfono móvil. Quiere actualizarse con un Smartphone que sea 4G. Piensa en comprar un teléfono celular renovado, pero decide que preferiría tener un nuevo dispositivo. Compara todos los teléfonos móviles en la tienda y se decide por un teléfono Android. El teléfono que elige tiene una cámara de siete megapíxeles que puede tomar fotos panorámicas. La batería dura ocho horas y la tarjeta de memoria tiene dieciséis gigabytes. Se decide por el plan sin límite, que incluye mensajería ilimitada, hablar e internet. También elige unos auriculares Bluetooth para cuando está conduciendo o para usar en el trabajo. Asimismo decide comprar un dispositivo de red inalámbrica para su teléfono, que le permitirá acceder a internet en su computadora portátil usando internet desde su teléfono. Luego compra un cargador para su auto y una funda para proteger su teléfono.

Unidad **10**

Apps /
Aplicaciones

*En esta sección se practicarán
expresiones utilizadas al instalar
aplicaciones en una tableta.*

(Internet & Social Media)

Apps / Aplicaciones

En esta sección se practicarán expresiones utilizadas al instalar aplicaciones en una tableta.

Reading Activity

Ryan wants to install some new applications on his tablet. He clicks on the app already installed on his IPad called App Store to browse through some apps. This is different from his Android phone, where his application for new apps is called Google Play. He prefers Google Play because there are more free apps available. On his IPad he clicks on Top Charts, located at the bottom. Then he clicks on Categories at the top left hand corner and chooses Music. The dropbox has dozens of application categories such as games, newsstand, education, books, business, catalogs and entertainment. The next page has three different categories: Paid, Free and Top Grossing. He taps on the app named Pandora and presses Download to install the application. After he downloads Pandora, he goes to the main page of his IPad and presses and holds the application Spotify. An "x" appears next to the applications that he can delete and he deletes Spotify and a few other applications he doesn't use.

Key words and expressions

Aprendamos vocabulario y expresiones relacionadas con el uso de aplicaciones.

(Internet & Social Media)

free apps	*aplicaciones gratis*
paid apps	*aplicaciones de pago*
options of apps	*opciones de aplicaciones*
to install / uninstall apps	*instalar / desinstalar aplicaciones*
to download	*descargar*
available	*disponible*
to delete	*eliminar, borrar*
named	*llamado/a*

downloading...

I can download apps on my iPhone.
Puedo descargar aplicaciones en mi iPhone.

I have a lot of apps already installed on my iPhone.
Tengo muchas aplicaciones instaladas ya en mi iPhone.

Do you have the Internet application for Mozilla Firefox?
¿Tienes la aplicación de internet para Mozilla Firefox?

Exercises

Choose the correct words to fill the gaps:

1) He tapped _____ the app called Pandora.
a) on
b) at
c) to

2) I am browsing _____ some apps.
a) to
b) through
c) at

3) There aren't _____ applications available.
a) much
b) many
c) a lot of

4) This app is different _____ the one I have.
a) to
b) with
c) from

Apps / Aplicaciones

Traducción.

Reading Activity

Ryan quiere instalar algunas aplicaciones nuevas en su tableta. Hace clic en la aplicación ya instalada en su IPad llamada App Store para mirar algunas aplicaciones. Es diferente a su teléfono Android, donde su aplicación para ver nuevas aplicaciones se llama Google Play. Él prefiere Google Play porque tiene más aplicaciones gratuitas disponibles. En su IPad, hace clic en Top Charts, ubicado en la parte inferior. Luego hace clic en Categorías, en la esquina superior izquierda, y elige Música. El buzón tiene muchas categorías de aplicaciones, como juegos, quiosco, educación, libros, negocios, catálogos y entretenimiento. La página siguiente tiene tres categorías diferentes: De pago, Gratis y De mayor éxito. Él da un golpecito con el dedo en la aplicación llamada Pandora y presiona Descargar para instalar la aplicación. Después de descargar Pandora, va a la página principal de su IPad y presiona y mantiene la aplicación Spotify. Una "x" aparece junto a las aplicaciones que se pueden eliminar y él elimina Spotify y algunas otras aplicaciones que no utiliza.

Unidad **11**

Online dating /
Una cita en línea

En esta sección se practicarán
expresiones relacionadas
con las citas en línea.

Online dating / Una cita en línea

*En esta sección se practicarán expresiones relacionadas
con las citas en línea.*

Reading Activity

Rebecca is creating an online dating profile on a website called meetingmate.com to look for a partner. She's experiencing new ways of finding love and has heard a lot of great things about the dating services on meetingmate.com because it's how her best friend found her soulmate. First, she fills out her preferences for her profile. She selects the box that says 'Men interested in women' as well as 'Between the ages of 30 and 35.' She also fills in some of her hobbies and interests and uploads a profile picture. Then she fills in some information about herself and expresses her interest in cultural diversity. After she finishes filling in her information, she does a search and finds twenty profiles that match hers. As she is reading through the matching profiles she notices that one of the men is sending her an instant message so she starts chatting.

Key words and expressions

Aprendamos vocabulario y expresiones relacionadas con las citas en línea.

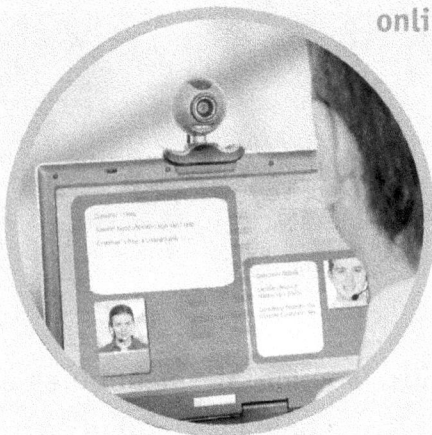

online dating services	*servicios de citas en línea*
matching	*coincidencia*
live chat	*chat en vivo / directo*
profile	*perfil*
to fill in	*rellenar*
partner	*pareja, compañero*
soulmate	*alma gemela*
instant message	*mensaje instantáneo*

My sister is experimenting with new ways of finding love.
Mi hermana está experimentando nuevas formas de encontrar el amor.

I don't have many preferences.
No tengo muchas preferencias.

I'm sending you an online request.
Te estoy enviando una solicitud en línea.

I need a new profile picture.
Necesito una nueva foto de perfil.

Where did you meet your partner?
¿Dónde conociste a tu pareja?

I met my soulmate online.
Conocí a mi alma gemela en línea.

Have you ever tried online dating?
¿Has probado alguna vez las citas en línea?

Some people love to upload new pictures on social network sites.
A algunas personas les encanta subir fotos nuevas en páginas de redes sociales.

Exercises

Choose the correct words to fill the gaps:

1) We're trying to _____ new friends.
a) do
b) have
c) make

2) The process _____ selecting dates is difficult.
a) in
b) at
c) of

3) _____ a way, we're happy that we didn't date.
a) On
b) In
c) At

Online dating / Una cita en línea

Traducción.

Reading Activity

Rebecca se está creando un perfil para citas en línea en un sitio web llamado meetingmate. com, con el fin de buscar pareja. Está experimentando nuevas formas de encontrar el amor y ha escuchado muchas cosas buenas sobre los servicios de citas en meetingmate.com, porque es como su mejor amiga encontró a su alma gemela. En primer lugar, ella rellena las preferencias en su perfil. Selecciona la casilla que dice "Hombres interesados en mujeres", así como "Entre 30 y 35 años". Ella también introduce algunas de sus aficiones e intereses y sube una foto al perfil. Luego añade un poco de información acerca de sí misma y expresa su interés por la diversidad cultural. Al terminar de rellenar su información, hace una búsqueda y encuentra veinte perfiles que concuerdan con ella. Mientras está leyendo los perfiles ve de que uno de los hombres le está enviando un mensaje instantáneo, así que empieza a chatear.

Unidad **12**

Touch-screen /
La pantalla táctil

En esta sección se practicarán
expresiones relacionadas
con las pantallas táctiles.

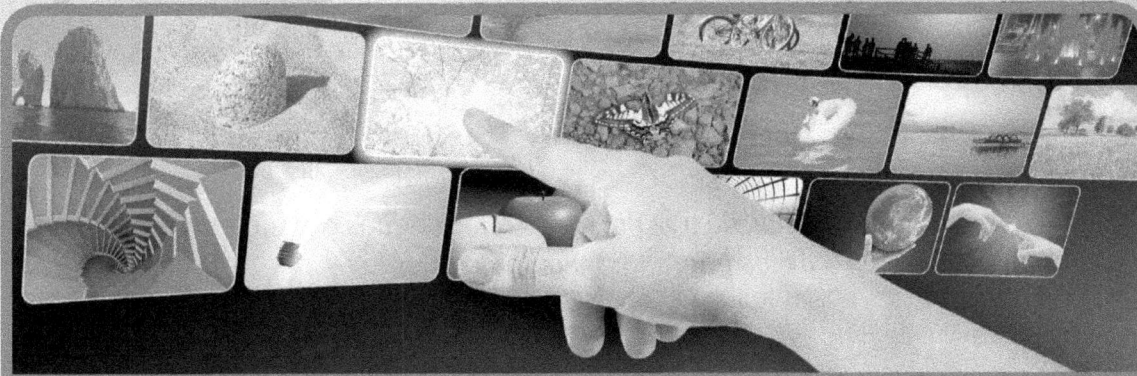

Touch-screen / La pantalla táctil

En esta sección se practicarán expresiones relacionadas con las pantallas táctiles.

Reading Activity

Ryan is exploring his new touch-screen iPad. He begins by tapping on all of his factory installed applications and browsing through them. Then, he begins dragging each application to the place on the screen where he wants them located and teaches himself how to make the screen bigger and smaller. Next, he reads how to protect and clean his screen to prevent damage and ensure his iPad will last a long time. Last, he wirelessly connects his keyboard and mouse to his iPad so it will be easier for him to navigate. He likes using touch-screen for everything because it's so convenient. His Smartphone and camera are both touch-screen and he would really like to buy a touch-screen computer.

Key words and expressions

Aprendamos vocabulario y expresiones relacionadas con algunos usos de las pantallas y las computadoras.

(Internet & Social Media)

screen	*pantalla*
touch-screen	*pantalla táctil*
to drag	*arrastrar*
wireless	*inalámbrico*
to protect and clean the screen	*proteger y limpiar la pantalla*
to last	*durar*
damage	*daño*
to browse through	*navegar por, explorar, mirar*

Do you know how to make the screen bigger and smaller?
¿Sabes cómo hacer la pantalla más grande y más pequeña?

I'm dragging all of my applications to the trash.
Estoy arrastrando todas mis aplicaciones a la papelera.

The click and double click in touch-screen are very different.
El clic y doble clic en la pantalla táctil son muy diferentes.

They need additional devices, like a mouse and keyboard.
Ellos necesitan dispositivos adicionales, como el ratón y el teclado.

Exercises

Choose the correct words to fill the gaps:

1) How long did your old touch-screen tablet _____?
a) leave
b) last
c) take

2) Are you satisfied _____ your new tablet?
a) with
b) of
c) in

3) I went to the shop _____ an iPad.
a) to buy
b) for buying
c) for buy

4) Tom found a way to _____ this problem.
a) get around
b) get down
c) get up

Touch-screen / La pantalla táctil

Traducción.

Reading Activity

Ryan está explorando su nuevo iPad de pantalla táctil. Comienza haciendo clic en todas las aplicaciones instaladas de fábrica y a navegar por ellas. Luego comienza a arrastrar cada aplicación a la pantalla donde quiere tenerlas ubicadas y aprende cómo hacer que la pantalla se haga más grande y más pequeña. A continuación lee cómo proteger y limpiar su pantalla para prevenir daños y garantizar que su iPad dure mucho tiempo. Por último, conecta de forma inalámbrica el teclado y el ratón al iPad para que le resulte más fácil navegar. Le gusta usar la pantalla táctil para todo porque es muy práctica. Su Smartphone y su cámara son ambos de pantalla táctil y a él realmente le gustaría comprar una computadora de pantalla táctil.

Unidad 13

Studying online I / Estudiando en línea I

En esta sección se practicarán
expresiones relacionadas
con las clases en línea.

Studying online I / Estudiando en línea I

(Internet & Social Media)

En esta sección se practicarán expresiones relacionadas con las clases en línea.

Reading Activity

Amy is enrolling in classes online. First, she searches for classes online. When she finds a class that she likes she checks the professors' profile and reads his reviews on a website called ratemyprofessor.com. While she's browsing the website she sees a really good professor she had last year and decides to write a review. Amy prefers online classes because they're more convenient with her work schedule. The virtual classroom and studying online take a lot more discipline though because it can be very solitary. Next, she goes to Amazon's online bookstore to buy her books. Getting books online is much cheaper than buying them in the bookstore and any books she can't get online she will rent. Renting books is much cheaper but there aren't very many books available to rent and she will be responsible for paying for a book if she loses or damages it.

Key words and expressions

Aprendamos vocabulario y expresiones usuales acerca de las clases en línea.

to work	*funcionar*
virtual classroom	*aula virtual*
to check the professors' profile	*revisar el perfil de los profesores*
buying and renting books	*compra y alquiler de libros*
to revolve	*girar (adaptarse)*

Have you checked the online bookstore?
¿Has revisado la librería en línea?

She is writing a review about her class.
Ella está escribiendo un comentario sobre su clase.

I'm searching for classes online.
Estoy buscando clases en línea.

Exercises

Choose the correct option to fill the gaps:

1) I recommend this _____ course.
a) in line
b) automatic
c) online

2) Library books aren't _____ as online books.
a) more expensive
b) less expensive
c) as expensive

3) I personally prefer _____ books online.
a) bought
b) buying
c) buy

4) We need to _____ an online interview for Friday.
a) set up
b) take off
c) save up

5) Before the exam, you should _____ lessons.
a) rethink
b) review
c) reconsider

6) There are many books _____ to rent.
a) free
b) available
c) new

Studying online I / Estudiando en línea I

Traducción.

Reading Activity

Amy se está inscribiendo en unas clases en línea. En primer lugar, ella busca clases en línea. Cuando encuentra una clase que le gusta revisa el perfil de los profesores y sus comentarios en un sitio web llamado ratemyprofessor.com. Mientras ella navega por el sitio web ve a un profesor muy bueno que tuvo el año pasado y decide escribir un comentario. Amy prefiere las clases en línea porque se adecúan más a su horario laboral. Pese a ello, el aula virtual y estudiar en línea requieren mucha más disciplina porque puede ser una labor muy solitaria. A continuación se dirige a la librería en línea de Amazon para comprar sus libros. Adquirir libros en internet es mucho más barato que comprarlos en la librería, y aquellos que no pueda conseguir en línea los rentará. El alquiler de libros es mucho más barato, pero no hay muchos libros disponibles para ello y deberá pagar el libro si lo pierde o lo daña.

Unidad 14

Studying online II / Estudiando en línea II

En esta sección se practicarán expresiones utilizadas en el desarrollo de clases en línea.

Studying online II / Estudiando en línea II

*En esta sección se practicarán expresiones utilizadas
en el desarrollo de clases en línea.*

Reading Activity

Amy is logging into her online class to do some work. First, she goes to the Grades section to check her grades for an essay and some assignments she turned in last week. Next, she goes to the Assignments section and starts her exercises that are due on Friday. She has a question about one of the exercises so she goes to the discussion board to see if anyone had the same question. She finds her question and reads the answer that was posted by her instructor. After that, she watches a video lesson that she needs to take her online test. It's now time to have a live chat with her instructor to ask any questions before she takes the online exam. She sends him a message with her questions and he responds with the answers. She prefers online exams to on campus tests because she doesn't have to take time off of work. Before she submits her exam she reviews it one more time. Lastly, she goes to her Assignments section to check the due date for her next essay.

Key words and expressions

*Aprendamos vocabulario y expresiones usuales
cuando se llevan a cabo clases en línea.*

discussion board	*foro de discusión*
live chat with instructor	*chat en directo con instructor*
online tests	*pruebas / exámenes en línea*
on campus tests	*pruebas / exámenes en el campus*
assignments	*tareas*
due date	*plazo, fecha límite*

I have to submit my homework.
Tengo que enviar mis deberes.

I have to finish my exercises.
Tengo que terminar mis ejercicios.

Are you watching your video lessons?
¿Estás mirando tus clases en video?

I'm logging into my account.
Estoy entrando en mi cuenta.

Is she writing and answering posts in the discussion board?
¿Está ella escribiendo y respondiendo mensajes en el foro de debate?

Exercises

Choose the correct option to fill the gaps:

1) Yesterday we had a _____ chat with our teacher.
a) direct
b) live
c) on air

2) Tomorrow is the last day to submit the assignment, so it´s called _____ date.
a) end
b) final
c) due

3) The meeting has been _____ off.
a) called
b) made
c) talked

4) You need to log _____ before you do the online test.
a) up
b) out
c) in

Studying online II / Estudiando en línea II

Traducción.

Reading Activity

Amy está abriendo la sesión en su clase en línea para trabajar. En primer lugar, se va a la sección de Calificaciones para revisar sus notas de un ensayo y algunas tareas que entregó la semana pasada. A continuación se dirige a la sección Tareas y comienza los ejercicios que tiene que entregar el viernes. Tiene una pregunta acerca de uno de los ejercicios, por lo que va al foro de discusión para ver si alguien tenía la misma pregunta. Ella encuentra su pregunta y lee la respuesta que fue publicada por su instructor. Después mira una clase de vídeo que necesita para realizar su examen en línea. Ahora es el momento de tener un chat en vivo con su instructor para dirigirle cualquier pregunta antes de hacer el examen en línea. Ella le envía un mensaje con sus preguntas y él con las respuestas. Ella prefiere los exámenes en línea a los exámenes presenciales porque así no tiene que restar tiempo al trabajo. Antes de enviar su examen lo revisa una vez más. Por último, ella va a la sección de Tareas para comprobar el plazo de entrega de su siguiente redacción.

Unidad **15**

Online Communication /
Comunicación en línea

En esta sección se practicarán
expresiones relacionadas
con la comunicación en línea.

Online Communication /
Comunicación en línea

(Internet &
Social Media)

*En esta sección se practicarán expresiones relacionadas
con la comunicación en línea.*

Reading Activity

Rebecca is exploring different ways to communicate online for work. She prefers video calls through Skype but she likes Google+ for videoconferences. She also has voicemail and texting setup on Skype to record any missed calls. She uses LinkedIn or Facebook to send or receive messages through social media. She uses both, as LinkedIn is for her professional communication, and Facebook for her personal social media. Her main email is Gmail and she does all of her chatting through Google Chat. She sends all of her files and documents through her Gmail and saves them in Google Drive. Google Drive allows her to store all of her files securely and virtually so she will always be able to access them online.

Key words and expressions

*Continuemos aprendiendo vocabulario y expresiones usuales
acerca de la comunicación en línea.*

(Internet &
Social Media)

videoconference	*videoconferencia*
hangouts	*lugares de encuentro*
texting	*mensajes de texto*
to send / receive files and documents	*enviar / recibir archivos y documentos*
messages through social media	*mensajes a través de los medios sociales*
missed calls	*llamadas perdidas*
to save	*guardar*
voicemail	*buzón de voz*

Did you leave me a voicemail?
¿Me dejaste un mensaje de voz?

She is checking her email.
Ella está comprobando su correo electrónico.

Do you voice call through Skype or other programs?
¿Realizas llamadas de voz a través de de Skype o de otros programas?

I'm chatting online with my sister.
Estoy chateando en línea con mi hermana.

Exercises

Choose the correct option to fill the gaps:

1) We have to _____ the new updates before closing the word document.
a) guard
b) save
c) keep

2) He doesn't really know much _____ communicating online.
a) in
b) around
c) about

3) I'll look _____ it. (investigate)
a) into
b) around
c) in

4) I can´t hear you. Can you please speak _____?
a) high
b) fast
c) up

Online Communication /
Comunicación en línea

(Internet &
Social Media)

Traducción.

Reading Activity

Rebecca está explorando diferentes maneras de comunicarse en línea para trabajar. Ella prefiere las videollamadas a través de Skype, pero le gusta Google+ para las videoconferencias. También tiene el servicio de correo de voz y mensajería instalado en Skype para registrar cualquier llamada perdida. Ella utiliza LinkedIn o Facebook para enviar o recibir mensajes a través de los medios sociales. Usa ambas porque LinkedIn es para su comunicación profesional y Facebook para sus relaciones sociales personales. Su correo principal es Gmail y lleva a cabo todas sus charlas a través de Google Chat. Ella envía todos sus archivos y documentos a través de su Gmail y los guarda en Google Drive. Google Drive le permite almacenar todos sus archivos de una forma segura y virtual para tener siempre acceso a ellos en línea.

Unidad 16

Music /
Música

*En esta sección se practicarán
expresiones relacionadas
con iTunes y YouTube.*

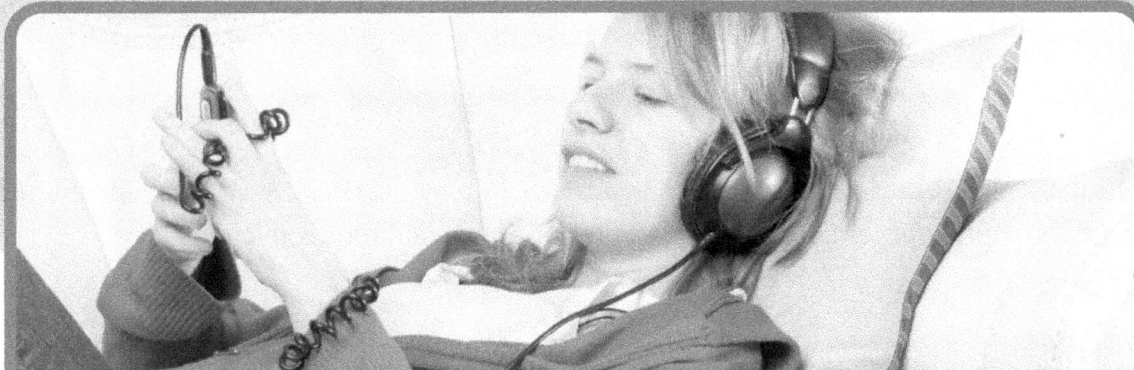

Music / Música

*En esta sección se practicarán expresiones relacionadas
con iTunes y YouTube.*

Reading Activity

Tony needs to download some new music on his iPod. He decides to purchase some songs from iTunes. He clicks on the tab that says Top Songs and searches through the songs. He finds an album he likes and purchases the songs for $14.99. He purchases songs through iTunes because they have the copyright. After he purchases the songs he downloads them onto his iPod. Next, he goes to YouTube.com and watches some videos online. He logs onto Facebook so he can share some videos. He finds a music video that he likes and clicks on the button below that says Share. Then he copies the link and pastes it onto his Facebook timeline. He also finds a funny video and shares it on his best friend's Facebook timeline.

Key words and expressions

Aprendamos vocabulario y expresiones relacionadas con la música y los videos en la computadora.

to upload / download	*subir, cargar / bajar, descargar*
to search	*buscar*
to watch	*mirar*
to share	*compartir*
to share videos / songs	*compartir vídeos / canciones*
through social media	*a través de los medios sociales*
copyright	*derechos de autor*
to paste	*pegar*
copy and paste	*copiar y pegar*

Do you have the copyright for this song?
¿Tienes los derechos de autor de esta canción?

She is purchasing songs from iTunes.
Ella está comprando canciones desde iTunes.

Exercises

Choose the correct option to fill the gaps:

1) If you want to _____ some songs, you need to pay in advance.
a) upload
b) download
c) load

2) This new _____ can teach you how to play the guitar.
a) access
b) direction
c) link

3) The song is _____ on YouTube.
a) suitable
b) prepared
c) available

4) I would like to _____ this video with my friends.
a) combine
b) share
c) have

Music / Música

Traducción.

Reading Activity

Tony necesita descargar música nueva en su iPod. Decide adquirir algunas canciones de iTunes. Hace clic sobre la pestaña Top Songs y busca a través de las canciones. Encuentra un álbum que le gusta y compra las canciones por $14.99. Él compra canciones a través iTunes porque tienen los derechos de autor. Después de adquirirlas, las descarga en su iPod. A continuación, va a YouTube.

com y mira algunos vídeos en línea. Él inicia la sesión en Facebook para poder compartir algunos videos. Encuentra un video musical que le gusta y hace clic en el botón inferior que dice Share. Entonces copia el enlace y lo pega en su línea de tiempo de Facebook. También encuentra un video gracioso y lo comparte en la línea de tiempo de Facebook de su mejor amigo.

Unidad 17

Videoconference /
La videoconferencia

*En esta sección se practicarán
expresiones relacionadas
con la videoconferencia.*

Videoconference / La videoconferencia

En esta sección se practicarán expresiones relacionadas con la videoconferencia.

Reading Activity

Rebecca is videoconferencing with her family in Spain. She speaks to her family once a month through Skype. She really loves that she can connect with people wherever they are. She has upgraded her Skype so that she sees her video in HD or high definition. This way she gets a clearer picture and can see all of the little details whenever they are speaking. Rebecca has paid extra money to upgrade her Skype account so that her family can record messages or video messages and leave them for her when she's not logged in. Rebecca is videoconferencing with her sister and has found a dress that she thinks she will like on Pinterest, so she clicks on the Conversation tab and scrolls down to Share Screen so that her sister can see the dress. Screen sharing and videoconferencing make it very easy to keep her and her family close.

(Internet & Social Media)

Key words and expressions

Aprendamos vocabulario y expresiones usuales
acerca de las videoconferencias.

to connect with people	conectar con la gente
wherever they are	donde quiera que estén
to record voice / video messages	grabar mensajes de voz / video
to share screens	compartir pantallas
to upgrade	mejorar (de categoría)
to scroll down	desplazarse hacia abajo

Does your TV have HD video?
¿Su televisor tiene vídeo HD?

Do you usually send voice messages?
¿Sueles enviar mensajes de voz?

Sharing screen is a very useful tool.
Compartir pantalla es una herramienta muy útil.

Fortunately, we can connect with people wherever they are.
Afortunadamente, podemos conectar con gente allá donde se encuentre.

Exercises

Choose the correct option to fill the gaps:

1) I can't connect with you, I think the line is _____.
a) busy
b) out of order
c) out of service

2) I will _____ my camera so you can see the colors better.
a) improve
b) increase
c) upgrade

3) Videoconferencing is an excellent _____ for communication.
a) key
b) tool
c) method

4) I can't hear what you are saying. Do you have your speakers _____?
a) in
b) into
c) on

Videoconference / La videoconferencia

Traducción.

Reading Activity

Rebecca tiene una videoconferencia con su familia en España. Ella habla con su familia una vez al mes a través de Skype. Le encanta poder conectarse con la gente allí donde se encuentre. Ha mejorado su Skype para poder mirar su video en HD o alta definición. De esta manera ella consigue una imagen más clara y puede ver todos los pequeños detalles cada vez que están hablando. Rebecca ha pagado dinero extra para mejorar su cuenta de Skype para que su familia pueda grabar mensajes o mensajes de vídeo y dejárselos cuando ella no ha iniciado la sesión. Rebecca tiene una videoconferencia con su hermana y ha encontrado un vestido que cree que le va a gustar a ella en Pinterest, por lo que hace clic en la pestaña Conversación y se desplaza hacia abajo para Compartir Pantalla y que su hermana pueda ver el vestido. Compartir la pantalla y tener videoconferencias hacen que sea muy fácil que ella y su familia se mantengan próximos.

Unidad 18

Video /
El video

En esta sección se practicarán
expresiones utilizadas al subir
un video a redes sociales.

Video / El video

En esta sección se practicarán expresiones utilizadas al subir un video a redes sociales.

Reading Activity

Tony installs a program called Photo Booth onto his computer. He makes a recording of his new comedy routine and wants to upload it onto YouTube. He logs into his YouTube account and clicks the button at the top that says Upload. He selects the video that he wants to upload and uploads it onto YouTube. Then he fills in all of the required information and agrees to the terms and conditions, which include surrendering all of his copyright privileges. Even so, he prefers to share his videos through social media because it's free and it's good publicity. He knows that a lot of people like to watch TV or movies online so he will gain a lot of exposure. Afterward, he browses through YouTube and decides to purchase some videos he wants to keep.

Key words and expressions

Aprendamos vocabulario y expresiones relacionadas con el material audiovisual en la computadora.

to install a program	*instalar un programa*
good publicity	*buena publicidad*
to select a video	*seleccionar un video*
to share videos	*compartir videos*
to make a recording	*hacer una grabación*
to surrender	*renunciar*
privilege	*privilegio*
terms and conditions	*términos y condiciones*
exposure	*exposición, visión*

I don't like sharing videos through social media.
No me gusta compartir videos a través de los medios sociales.

Do you like watching TV or movies online?
¿Te gusta ver la televisión o películas en línea?

I am waiting for the copyright privileges.
Estoy a la espera de los privilegios de derechos de autor.

Exercises

Choose the correct option to fill the gaps:

1) We would like to _____ a new video.
a) record
b) register
c) copy

2) Our videos can be _____ from the Internet.
a) found
b) looked
c) obtained

3) This video does not have a _____.
a) reality
b) copyright
c) real proof

4) The new videos haven´t _____ yet.
a) come out
b) started out
c) brought out

KEY
1) a, 2) c, 3) b, 4) a.

114

Video / El video

Traducción.

Reading Activity

Tony instala un programa llamado Photo Booth en su computadora. Él hace una grabación de su nuevo monólogo cómico y quiere subirlo en YouTube. Inicia la sesión en su cuenta de YouTube y hace clic en el botón situado en la parte superior que dice Subir. Selecciona el video que desea subir y lo sube a YouTube. Luego rellena toda la información obligatoria y acepta los términos y condiciones, que incluyen la renuncia a todos los privilegios de los derechos de autor. Aún así, prefiere compartir sus videos a través de las redes sociales porque es gratis y es una buena forma de publicidad. Sabe que a mucha gente le gusta ver la televisión o películas en línea, por lo que conseguirá mucha visibilidad. Después navega por YouTube y decide comprar algunos videos que quiere conservar.

Unidad 19

Planning a Trip I / Plani cando un viaje I

En esta sección se practicarán
expresiones utilizadas
para reservar un vuelo en línea.

Planning a Trip I / Planificando un viaje I

*En esta sección se practicarán expresiones utilizadas
para reservar un vuelo en línea.*

Reading Activity

Ryan is looking for a destination that is not too expensive for his next trip. He just decided to take a last minute vacation to somewhere warm. He's searching through a few different sites for online booking, such as Skyscanner.com and Kayak.com. He considers two of the special offers, to Cabo San Lucas, Mexico, or Honolulu, Hawaii, that he found on Skyscanner and weighs his options. He chooses Cabo San Lucas, Mexico, because it's cheaper and has a better deal to combine flight+ hotel+ car and he figures out how to book a flight online. He fills in all of his information and pays online. Then, he logs into his reservation and goes to the tab that says Change or Cancel Reservation. He decides to upgrade himself to first class for $1000. Since his flight is tomorrow, he decides to check in and print his boarding pass so he doesn't have to worry about it tomorrow.

Key words and expressions

*Continuemos aprendiendo vocabulario y expresiones usuales
acerca de la reservación de un vuelo en línea.*

(Internet &
Social Media)

to weigh the options	*sopesar las opciones*
different sites for online booking	*diferentes sitios de reservaciones online*
to change / cancel reservations	*cambiar / cancelar reservaciones*
to confirm reservations	*confirmar reservaciones*
to check in	*facturar*
to print	*imprimir*
boarding pass	*tarjeta de embarque*
last minute booking	*reserva de último minuto*
travel destination	*destino de viaje*

Are you paying online or in person?
¿Vas a pagar en línea o en persona?

Do you know how to book a flight online?
¿Sabes cómo reservar un vuelo en línea?

Unfortunately I couldn't cancel my reservation.
Desgraciadamente no pude cancelar mi reservación.

After searching through different sites I couldn't find a deal.
Tras buscar por diferentes sitios no pude encontrar una oferta.

Exercises

Choose the correct option to fill the gaps:

1) You need to check _____ before you go through customs.
a) at
b) in
c) on

2) My next travel _____ is Cuba.
a) destination
b) destiny
c) location

3) There are no seats left on the flight, they are _____.
a) finished
b) sold out
c) ended

4) After I pay for my flight online, I need to print my _____.
a) reservation ticket
b) boarding pass
c) booking confirmation

KEY
1) b; 2) a; 3) b; 4) c.

Planning a Trip I / Planificando un viaje I

Traducción.

Reading Activity

Ryan está buscando un destino que no sea demasiado caro para su próximo viaje. Acaba de decidir tomar unas vacaciones de último minuto a un lugar cálido. Busca a través de algunos sitios diferentes para reservaciones en línea, como Skyscanner.com y Kayak.com. Considera dos de las ofertas especiales que encontró en Skyscanner, a Cabo San Lucas, México, o Honolulu, Hawai, y sopesa sus opciones. Elige Cabo San Lucas, México, porque es más barato y tiene una mejor oferta para combinar vuelo + hotel + auto y resuelve la reserva de un vuelo en línea. Rellena toda la información y paga en línea. A continuación, entra en su reserva y se va a la pestaña que dice Cambiar o Cancelar la Reserva. Decide cambiarse a primera clase por $1000. Como su vuelo es mañana, decide hacer el check-in e imprimir su tarjeta de embarque y así no tener que preocuparse de eso mañana.

Unidad **20**

Planning a Trip II /
Plani cando un viaje II

En esta sección se practicarán
expresiones utilizadas
para reservar un vuelo en línea.

Planning a Trip II / Planificando un viaje II

(Internet &
Social Media)

*En esta sección seguiremos practicando expresiones utilizadas
para planificar un viaje en línea.*

Reading Activity

Tony is finishing up the final details for his trip to San Diego. He decides to rent a car online through Kayak.com. He chooses a black Dodge Charger and pays a little extra for insurance. Next, he books a hotel in the Gaslamp Quarter through the same website he rented the car. He chooses a Hilton hotel because it's in the best location. Afterward, he logs onto Opentable.com and reserves a table at a restaurant that a friend recommended to him. It's a little expensive but it's supposed to have very good live Jazz music. He searches for directions on Google Maps from the hotel to the restaurant so he doesn't get lost. After researching the city's highlights on About.com, he decides to buy tickets for a play downtown and signs up for a bus tour and an excursion to the city's most famous attraction. He's starting to get very excited about his trip!

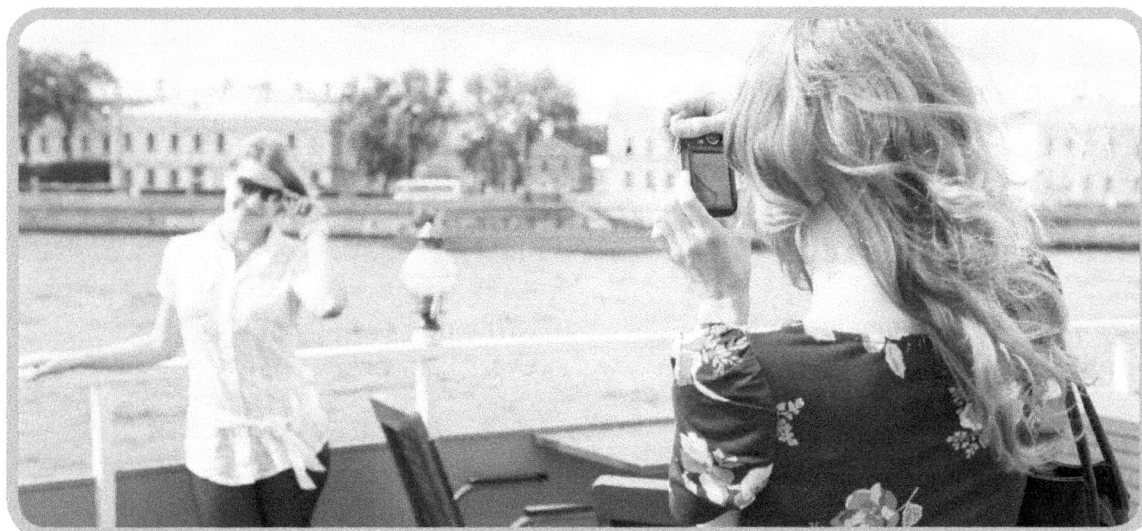

Key words and expressions

Continuemos aprendiendo vocabulario y expresiones relacionadas con los viajes y su preparación.

to book a hotel	*reservar un hotel*
to reserve a table in a restaurant	*reservar una mesa en un restaurante*
play	*obra de teatro*
to get lost	*perderse*
directions	*indicaciones, direcciones*
car insurance	*seguro de auto*
to rent a car	*alquilar un auto*
highlights	*actividades y lugares destacados*

We are reading about the city's highlights.
Estamos leyendo sobre las actividades y lugares destacados de la ciudad.

I am searching for directions on how to get to some places.
Estoy buscando direcciones sobre cómo llegar a algunos lugares.

Are you renting a car online?
¿Estás alquilando un auto en línea?

Exercises

Choose the correct option to fill the gaps:

1) We need to book our hotel
_____ advance.
a) on
b) in
c) for

2) This hotel is completely full,
so it´s _____ .
a) overbooked
b) busy
c) saturated

3) With a map on hand, we can´t
_____ lost.
a) be
b) get
c) feel

4) Why don´t we go _____
a trip next week?
a) on
b) for
c) around

Planning a Trip II / Planificando un viaje II

Traducción.

Reading Activity

Tony está ultimando los detalles de su viaje a San Diego. Decide alquilar un auto en línea a través de Kayak.com. Elige un Dodge Charger negro y paga un poco más por el seguro. A continuación, reserva un hotel en el Gaslamp Quarter a través de la misma página web donde había alquilado el auto. Se decide por un hotel Hilton porque está en la mejor ubicación. Después, entra en Opentable.com y reserva una mesa en un restaurante que un amigo le recomendó. Es un poco caro, pero se supone que tiene muy buena música de jazz en vivo. Él busca en Google Maps indicaciones para no perderse desde el hotel hasta el restaurante. Después de buscar los eventos más destacados en la ciudad en About.com, decide comprar entradas para una obra de teatro en el centro y se apunta a un recorrido en autobús y a una excursión a la atracción más famosa de la ciudad. ¡Está empezando a emocionarse con el viaje!

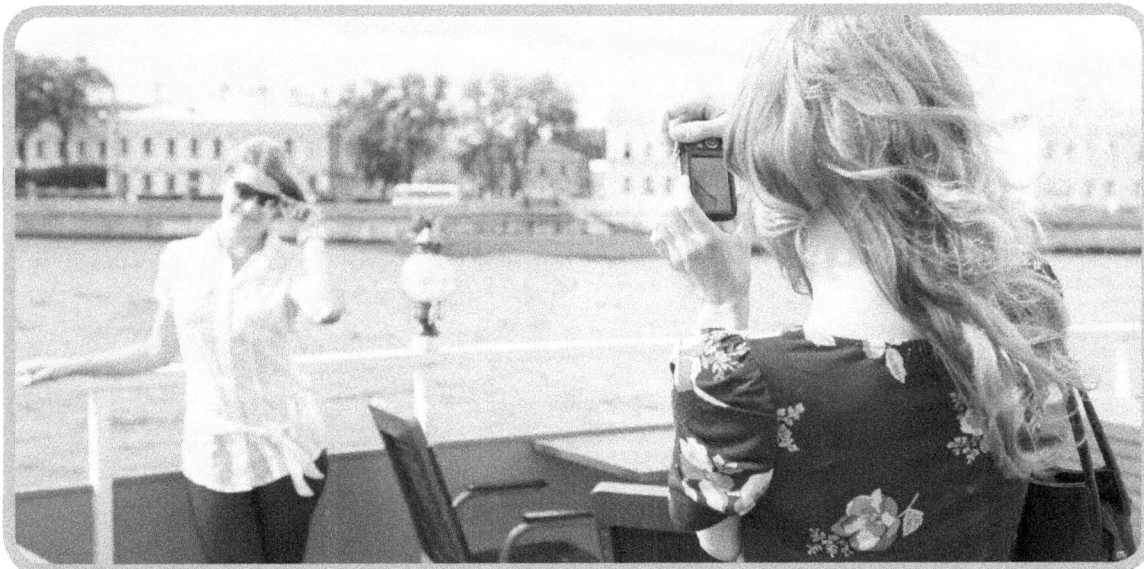

Unidad 21

Selling Online / La venta en línea

En esta sección se practicarán
expresiones relacionadas
con la venta de productos en línea.

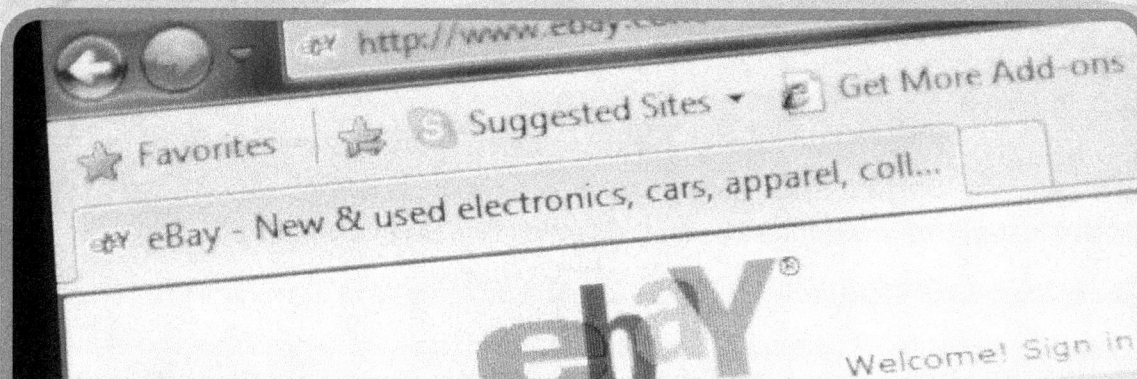

Selling Online / La venta en línea

En esta sección se practicarán expresiones relacionadas con la venta de productos en línea.

Reading Activity

Amy is helping Ryan sell some books and CD's online. First, she takes some pictures of them with her mobile phone. She knows three good sites she can post products for sale. Next, she uploads the pictures onto Ryan's Facebook by pressing the *Share to Facebook* tab and then writes a product description in the comment box. Then, she plugs her phone into her computer and uploads them to her *Pictures* folder. She logs onto *Craigslist.com* and uploads the pictures in the section labeled *Books For Sale* and writes a brief description. Lastly, she logs onto *Amazon.com* and does the same thing. She has really good ratings on this website because she knows the importance of telling the truth and the dangers and benefits of reviews. She prefers this website because sending the product is safe and she can help Ryan process payments through *Paypal.com*, which is very secure.

Key words and expressions

Aprendamos vocabulario y expresiones relacionadas con la venta en línea.

to process payments	*procesar / tramitar pagos*
to send the product	*enviar el producto*
to plug	*conectar, enchufar*
secure	*seguro*

To upload pictures from computers or mobile phones.
Subir fotos desde computadoras o teléfonos celulares / móviles.

Sites where you can post products for sale.
Lugares donde puedes publicar productos a la venta.

Option of renting or selling books.
Opción de alquiler o venta de libros.

The importance of telling the truth and the dangers and benefits of reviews.
La importancia de decir la verdad y los riesgos y beneficios de las revisiones.

Read me the product description.
Léeme la descripción del producto.

Exercises

Choose the correct option to fill the gaps:

1) What payment _____ do you offer?
a) full
b) plans
c) due

2) We can´t give back the money, so this product can´t be _____ .
a) refunded
b) repaid
c) cashed

3) That product is cheaper now. It´s _____ sale.
a) for
b) on
c) in

4) This supplier's products have very bad _____ .
a) opinions
b) ideas
c) reviews

Selling Online / La venta en línea

(Internet & Social Media)

Traducción.

Reading Activity

Amy está ayudando a Ryan a vender algunos libros y CDs en línea. En primer lugar les toma unas fotos con su teléfono móvil. Ella conoce tres buenos sitios donde puede publicar productos a la venta. A continuación, sube las fotos al Facebook de Ryan presionando la pestaña Compartir en Facebook y escribe la descripción del producto en el cuadro de comentarios. Luego conecta su teléfono a su computadora y las sube a su carpeta Pictures. Entra en Craigslist.

com y sube las fotos en la sección denominada Libros en Venta y escribe una breve descripción. Por último, entra en Amazon.com y hace lo mismo. Ella tiene muy buenas valoraciones en este sitio web porque sabe la importancia de decir la verdad y los peligros y beneficios de los comentarios. Ella prefiere este sitio web, porque el envío del producto es seguro y puede ayudar a Ryan a tramitar los pagos a través de Paypal. com, que es muy seguro.

Unidad **22**

Classi eds / Anuncios Clasificados

En esta sección se practicarán
expresiones relacionadas
con la publicación de un puesto de trabajo.

Classifieds / Anuncios Clasificados

En esta sección se practicarán expresiones relacionadas con la publicación de un puesto de trabajo.

(Internet & Social Media)

Reading Activity

Tony is very good with computers and would like to offer his services to other people. He decides to post the details on *Craigslist.com* because it's more popular than posting in an online newspaper or magazine. Posting a job on *Craigslist* is free and much easier than the newspaper. First, he goes to the *Post to Classifieds* tab on the main page. He clicks *Services Offered* followed by *Computers*. Next, he writes a short job description and fills in the other required information, such as email address and job title and submits it to *Craigslist*. Lastly, he checks his email for a confirmation and reviews his posting for any mistakes before he finally accepts and posts his services online. Afterward, he goes back to the main page and clicks on the *Computer* tab listed under *Gigs*. Here, he can search for available job listings related to computers. He finds a listing that he likes and decides to call the number to find out more details.

Key words and expressions

Continuemos aprendiendo vocabulario y expresiones relacionadas con los anuncios de trabajo.

to post a job	*publicar un trabajo*
classifieds sites	*sitios de anuncios clasificados*
online newspapers and magazines	*periódicos y revistas en línea*
job listings	*ofertas de trabajo*
available	*disponible*
job title	*denominación del trabajo*
to submit	*enviar*

I don't have all of the details yet.
No tengo todos los detalles todavía.

What is the job description?
¿Cuál es la descripción del trabajo?

Have you seen the Classifieds tab
on the main page?
*¿Has visto la pestaña de Anuncios Clasificados
en la página principal?*

Exercises

Choose the correct option to fill the gaps:

1) The new job is not _____
on the Internet yet.
a) shown
b) posted
c) indicated

2) Financial experience is not a
_____ for this position.
a) need
b) obligation
c) requirement

3) This company _____
experienced staff only.
a) hires
b) invites
c) delegates

4) This job offer is _____
to university students.
a) for
b) addressed
c) offer

Classifieds / Anuncios Clasificados

Traducción.

Reading Activity

Tony es muy bueno con las computadoras y desea ofrecer sus servicios a otras personas. Decide publicar los detalles en Craigslist. com porque es más popular que la publicación en un periódico o en una revista en línea. Publicar un empleo en Craigslist es gratis y mucho más fácil que en el periódico. En primer lugar va a la pestaña Publicar en Clasificados en la página principal. Hace clic en Servicios Ofrecidos seguido por Computadoras. A continuación, escribe una breve descripción del empleo y rellena el resto de la información obligatoria, como la dirección de correo electrónico y el nombre del empleo y lo envía a Craigslist. Por último, comprueba su correo para ver la confirmación y revisa su publicación por cualquier error antes de finalmente aceptar y publicar sus servicios en línea. Después, vuelve a la página principal y hace clic en la pestaña Computadora, localizada bajo Trabajos. Aquí busca ofertas de trabajo disponibles relacionadas con los ordenadores. Él encuentra una oferta que le gusta y decide llamar para conocer más detalles.

Unidad 23

Applying for a Job / Solicitando empleo

En esta sección se practicarán
expresiones relacionadas
con la búsqueda de empleo.

Applying for a Job / Solicitando empleo

*En esta sección se practicarán expresiones relacionadas
con la búsqueda de empleo.*

Reading Activity

Tony is looking online for a part-time job. He uses a few different job search sites such as *Monster.com*, *Indeed.com* and *Craigslist.com*. In these job sites he can search specific fields. On *Craigslist* he searches under the tab *Gigs* to look for available jobs. On the other websites he can search for the type of job he wants and in which location. Tony can also do an advanced search for only part-time job listings. Next, he browses through a list of candidates and notices there is a lot of competition. While looking through a list of jobs he finds one that he likes and reads through the hiring process. The hiring process would start with a phone interview followed by an in-person interview. Tony is good at interviewing so he doesn't mind. Next would be the background check and, if he passes all of the screening, he would get the job with a probation period of one year. The job sounds interesting and would mean an increase in salary and great benefits, so he decides to submit his resume!

Key words and expressions

Continuemos aprendiendo vocabulario y expresiones relacionadas con la búsqueda de empleo.

job search sites	*sitios de búsqueda de empleo*
job sites for specific fields	*sitios de empleo para sectores específicos*
interview	*entrevista*
part-time / full-time job	*trabajo a tiempo parcial / completo*
screening process	*proceso de selección*
hiring process	*proceso de contratación*
probation period	*período de prueba*
salary	*sueldo , salario*

I need to update my resume.
Necesito actualizar mi curriculum vitae.

I am still in the interviewing process.
Todavía estoy en el proceso de entrevistas.

Have you passed the screening process?
¿Has pasado el proceso de selección?

We have two possible candidates.
Tenemos dos posibles candidatos.

Exercises

Choose the correct option to fill the gaps:

1) The new candidate will be responsible _____ the accounting department.
a) of
b) for
c) by

2) The partners from New York will be _____ hand for the meeting.
a) on
b) in
c) at

3) We are looking for a temporary _____ .
a) replacement
b) replace
c) person

4) We _____ (rejected) the offer because we weren't satisfied with it.
a) let off
b) brought out
c) turned down

Applying for a Job / Solicitando empleo

Traducción.

Reading Activity

Tony está buscando en línea un trabajo a tiempo parcial. Utiliza diferentes sitios de búsqueda de empleo, como Monster.com, Indeed.com y Craigslist.com. En estas páginas de empleo puede buscar por campos específicos. En Craigslist busca bajo la pestaña Trabajos para ver puestos de trabajo disponibles. En los otros sitios web puede buscar por el tipo de trabajo que quiere y su ubicación. Tony también puede hacer una búsqueda avanzada sólo para las ofertas de empleo a tiempo parcial. A continuación mira una lista de candidatos y se da cuenta de que hay mucha competencia. Mientras revisa el listado de puestos de trabajo encuentra uno que le gusta y lee el proceso de contratación. El proceso de contratación empezaría con una entrevista telefónica, seguida por una entrevista personal. Tony responde bien en las entrevistas, por lo que no le importa. A continuación vendría la verificación de antecedentes y, si pasa toda la selección, conseguiría el trabajo con un período de pruebas de un año. El trabajo suena interesante y significaría un aumento de salario y grandes ventajas, por lo que decide enviar su currículum.

Unidad **24**

Widgets /
Widgets

*En esta sección se practicarán
expresiones relacionadas
con los widgets.*

Widgets / Widgets

*En esta sección se practicarán expresiones relacionadas
con los widgets.*

Reading Activity

Ryan is managing his widgets. He clicks on the *Dashboard* icon and then the *Manage Widget* icon. A pull-down menu appears and he sees which have the on or off checkmarks. He unchecks one of the selection boxes and checks the *Calculator* widget, which immediately forms in his window. Among his widgets are a *Weather* display and *Calendar*, as well as a widget that updates him on stock reports. His tablet has many other tools for displaying information and for inviting, accepting and responding to user actions. He clicks on some of the calculator buttons to do a multiplication problem. He exits out of the widget section and notices his computer is automatically updating his software and the progress indicator reads 48%. The best thing about his new tablet is that he doesn't need to use his scrollbar or mouse because he can just move around the screen content by tapping and dragging with his own fingers.

149

Key words and expressions

Continuemos aprendiendo vocabulario y expresiones relacionadas con widgets.

icons	*íconos*
pull-down menus	*menús desplegables*
buttons	*botones*
selection boxes	*cuadros de selección*
progress indicators	*indicadores de progreso*
on-off checkmarks	*marcas de verificación on-off*
scrollbars	*barras de desplazamiento*
to scroll up / down	*desplazarse arriba / abajo*
to display	*mostrar, desplegar*
widget	*widget*

There are other devices for displaying information.
Hay otros dispositivos para la mostrar información.

With the mouse you can scroll up and down the text.
Con el ratón puedes desplazarte arriba y abajo en el texto.

Can you close all of your windows please?
¿Puedes cerrar todas tus ventanas, por favor?

Exercises

Choose the correct option to fill the gaps:

1) This new program has _____ tasks.
a) multifunctional
b) advantage
c) limit

2) This application can be accessed _____ a computer desktop.
a) in
b) by
c) from

3) This button _____ all the information you need.
a) displays
b) creates
c) reflects

4) The equipment we use in the kitchen are called _____ .
a) tools
b) devices
c) appliances

Widgets / Widgets

Traducción.

Reading Activity

Ryan está manejando sus widgets. Hace clic en el icono Dashboard y luego en el icono Gestionar Widget. Aparece un menú desplegable y ve cuáles tienen las marcas de operatividad. Desactiva uno de los cuadros de selección y activa el widget de la Calculadora, que aparece inmediatamente en su ventana. Entre sus widgets se encuentran la visualización del Tiempo y el Calendario, así como un widget que le actualiza en informes de la bolsa. Su tableta cuenta con muchos otros dispositivos de visualización de información y para invitar, aceptar y responder a las acciones del usuario. Hace clic en algunos de los botones de la calculadora para hacer una multiplicación. Sale de la sección de widgets y advierte que su computadora está actualizando su software de forma automática y el indicador de progreso muestra el 48%. Lo mejor de su nueva tableta es que no necesita usar la barra de desplazamiento ni el ratón porque se puede mover por el contenido de la pantalla a base de pulsar y arrastrar con sus propios dedos.

Unidad 25

Miscellaneous I / Varios I

En esta sección se practicarán
expresiones relacionadas
con internet.

Miscellaneous I / Varios I

En esta sección se practicarán expresiones relacionadas con internet.

Reading Activity

Rebecca is discovering new things on the Internet. She decides to read about the *Cloud* and its Wi-Fi hotspots to see if it's available in her area. This would make work much easier since she is telecommuting more and more often. She prefers to telecommute because it keeps her out of the office. Worldwide media accessibility has made it possible for her to work from any location and have access to all of her files. She typically stores her files, documents, videos and much more in Dropbox so that she can access them anywhere. Dropbox also makes the transferring of big files easy, because email usually doesn't have the capability to transfer them. She watches all of her training sessions and seminars online through YouTube and has her Skype account setup with a phone number that records messages. She can also leave a voice recording for when she misses someone's call. Sometimes she makes her own videos and edits them on a program called iMovie before uploading them to YouTube.

Key words and expressions

Continuemos aprendiendo vocabulario y expresiones usuales acerca de la computación.

(Internet & Social Media)

the Cloud	*la Nube*
to transfer files	*transferir archivos*
online designing and editing	*diseño y edición en línea*
video editing	*edición de vídeo*
messaging	*mensajería*
telecommuting	*teletrabajo, trabajo a distancia*
worldwide media	*medios de todo el mundo*
accessibility	*accesibilidad*

Where do you store your files and documents?
¿Dónde almacenas tus archivos y documentos?

Can you edit videos?
¿Sabes editar videos?

Do you know any Wi-Fi hotspot near here?
¿Conoces algún lugar con conexión inalámbrica cerca de aquí?

Do you like to telecommute or do you prefer to go to the office?
¿Te gusta trabajar a distancia o prefieres ir a la oficina?

Exercises

Choose the correct option to fill the gaps:

1) The _____ has all the necessary functions you may need.
a) function tab
b) toolbar
c) cursor

2) I'm not sure if we can connect without a _____ .
a) modem
b) Internet connector
c) linking device

3) You can save all of your documents in a _____ .
a) box
b) window
c) file

4) Click on this _____ if you want to get more details.
a) spot
b) link
c) area

KEY
1) b; 2) a; 3) c; 4) b.

Miscellaneous I / Varios I

Traducción.

Reading Activity

Rebecca está descubriendo cosas nuevas en internet. Decide leer sobre la Nube y sus lugares con cobertura inalámbrica para ver si está disponible en su zona. Esto facilitaría mucho su trabajo, ya que cada vez trabaja más a distancia. Prefiere trabajar a distancia porque así se mantiene fuera de la oficina. La accesibilidad a los medios de todo el mundo ha posibilitado que ella trabaje desde cualquier lugar y tenga acceso a todos sus archivos. Ella suele almacenar sus archivos, documentos, vídeos y mucho más en Dropbox para poder acceder a ellos en cualquier lugar. Dropbox también facilita la transferencia de archivos de gran tamaño, porque el correo electrónico normalmente no tiene la capacidad de transferirlos. Ella ve todas sus sesiones de formación y seminarios en línea a través de YouTube y tiene su cuenta de Skype configurada con un número de teléfono que graba mensajes. También puede dejar una grabación de voz para cuando ella no puede responder a la llamada de alguien. A veces realiza sus propios videos y los edita en un programa llamado iMovie antes de subirlos a YouTube.

Unidad **26**

Miscellaneous II /
Varios II

*En esta sección se practicarán
expresiones relacionadas con el hecho
de estar conectado a internet.*

Miscellaneous II / Varios II

En esta sección se practicarán expresiones relacionadas con el hecho de estar conectado a internet.

Reading Activity

Rebecca is changing the settings on her computer because her nieces and nephews are coming to visit her and she wants to make sure they are safe surfing the web. She believes in limiting kids time online and their exposure to unwanted websites so she adjusts the parental controls. Luckily, she stays connected with her nephews and nieces because she sees her family often on Skype and that can make the physical distances seem closer. Skype helps her stay close to her family and watch the kids grow up. She also stays informed with Facebook updates. She would really like to expand her network by finding people that share similar interests and connecting with them wherever they are. She is learning to speak Italian so she looks for a website about language exchange and finds *Mylanguageexchange.com*, and signs up for a meeting. She has friends who play games online with people but she doesn't like playing games with strangers.

Key words and expressions

Continuemos aprendiendo vocabulario y expresiones relacionadas con el uso de internet.

(Internet & Social Media)

to stay informed	*mantenerse informado*
parental controls	*control parental / de los padres*
unwanted websites	*páginas web no deseadas*
to make physical distances shorter	*acortar las distancias físicas*
to change the settings	*cambiar los ajustes*
to expand the network	*extender la red de contactos*
to make sure	*asegurarse*
to sign up	*inscribirse*

Find people that share similar interests and connect with them wherever they are.
Busca a personas que compartan intereses similares y conecta con ellos donde estén.

Do you agree with limiting kids time and exposure to unwanted websites?
¿Estás de acuerdo con la limitación de tiempo y exposición de los niños a sitios web no deseados?

How do you stay connected with your family in Japan?
¿Cómo te mantienes en contacto con tu familia en Japón?

Exercises

Choose the correct option to fill the gaps:

1) She is accustomed to _____ to Facebook every day.
a) connection
b) connecting
c) connect

2) Please keep me _____ about the ceremony details.
a) inform
b) posted
c) update

Miscellaneous II / Varios II

Traducción.

Reading Activity

Rebecca está cambiando los ajustes en su computadora porque sus sobrinas y sobrinos van a visitarla y quiere asegurarse de que están seguros navegando por la web. Ella cree en la limitación del tiempo en línea para los niños y en la exposición a sitios web no deseados, por lo que ajusta los controles parentales. Por suerte, ella se mantiene conectada con sus sobrinos y sobrinas porque ve a su familia a menudo a través de Skype y eso puede hacer que las distancias físicas parezcan más cortas. Skype le ayuda a mantenerse cerca de su familia y ver a los niños crecer. También se mantiene informada con las actualizaciones de Facebook. A ella realmente le gustaría ampliar su red de contactos encontrando a gente que comparta intereses parecidos y conectar con ellos donde quiera que se encuentren. Está aprendiendo a hablar italiano, así que busca un sitio web sobre intercambio de idiomas, encuentra Mylanguageexchange.com, y se inscribe para una reunión. Tiene amigos que juegan en línea con gente, pero a ella no le gusta jugar con desconocidos.

Unidad **27**

Internet Do's I / Qué hacer en internet I

En esta sección se practicarán expresiones relacionadas con medidas de seguridad en internet.

Internet Do's I / Qué hacer en internet I

En esta sección se practicarán expresiones relacionadas con medidas de seguridad en internet.

Reading Activity

Amy is writing an article about what you can and can't do on the Internet after learning some important tips online. She would like to warn children about potential online harassment, and misrepresentation online as there are numerous predators who prowl the Internet. Parents also need to be aware of online bullying and monitor their children's activities online to prevent any dangerous situations. Parents should consider some form of blocking or filtering software to keep their children out of dangerous chat rooms. Computer users should also learn to evaluate a site for accuracy and validity and use privacy settings and be aware of the consequences when entering unknown websites. You should also know what information your Internet provider makes available to others by making sure you read the fine print on your contract. Lastly, always back up important information because if you download a virus it may completely destroy your hard drive.

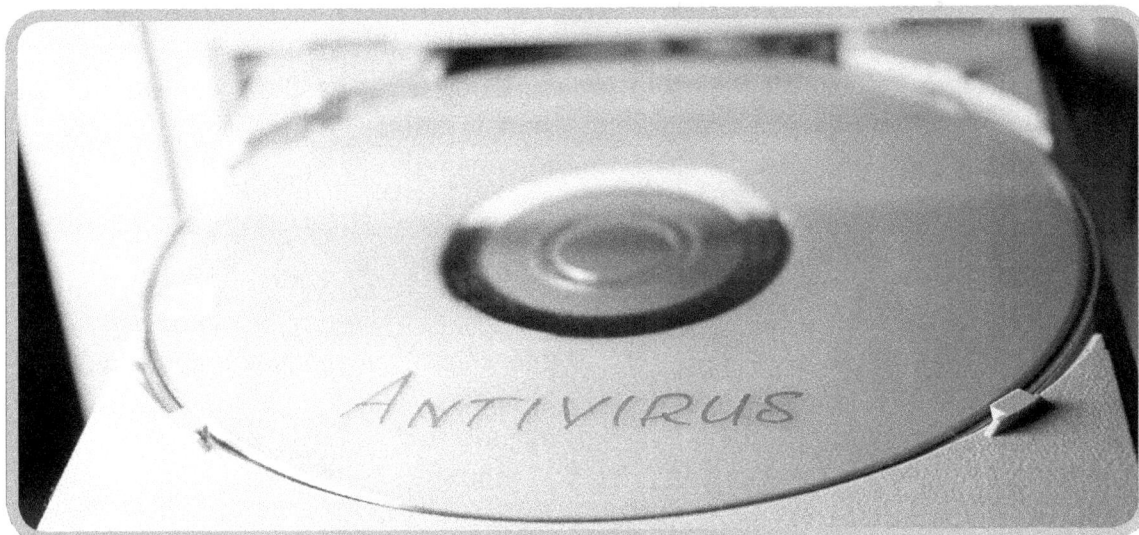

(Internet &
Social Media)

Key words and expressions

*Continuemos aprendiendo vocabulario y expresiones usuales
acerca de la seguridad en internet.*

to warn	*advertir, avisar*
online harassment	*acoso en línea*
misrepresentation	*tergiversación, distorsión*
tip	*consejo*
to prowl	*merodear*
accuracy	*precisión*
to be aware of	*ser consciente de*
fine print	*letra pequeña*
to back up	*hacer una copia de seguridad*
hard drive	*disco duro*

I always back up important documents.
*Siempre hago una copia de seguridad
de los documentos importantes.*

We should always read the fine print.
Siempre deberíamos leer la letra pequeña.

All parents should be aware of online bullying.
Todos los padres deberían ser conscientes del acoso online.

Is your personal information available to others?
¿Tu información personal está disponible para otros?

Exercises

Choose the correct option to fill the gaps:

1) An antivirus is recommended to
_____ your computer.
a) save
b) control
c) protect

2) Children should be _____
to use the Internet safely.
a) recommend
b) inform
c) warned

3) Using other people´s words and
work is called _____ .
a) copying
b) plagiarism
c) pasting

4) A _____ is an unwanted
email from somebody you don´t know.
a) spam
b) junk
c) inbox

KEY
1) c; 2) c; 3) b; 4) a.

Internet Do's I / Qué hacer en internet I

Traducción.

Reading Activity

Amy está escribiendo un artículo sobre lo que se debe y no se debe hacer en internet, después de aprender algunos consejos importantes en línea. A ella le gustaría advertir a los niños sobre el potencial acoso y distorsión que se lleva a cabo en línea porque hay numerosos depredadores merodeando por internet. Los padres también deben ser conscientes de la intimidación en línea y controlar las actividades de sus hijos cuando estén conectados para evitar situaciones peligrosas. Los padres deberían considerar algún tipo de software de bloqueo o filtrado para mantener a sus hijos fuera de las salas de chat peligrosas. Los usuarios de las computadoras también deberían aprender a evaluar un sitio por la precisión y validez y utilizar los ajustes de privacidad, así como estar al tanto de las consecuencias cuando se entra a un sitio web desconocido. Usted también debería saber qué información su proveedor de internet pone a disposición de otros, asegurándose de leer la letra pequeña de su contrato. Por último, haga siempre una copia de seguridad de la información importante porque si descarga un virus puede destruir por completo el disco duro.

Unidad 28

Internet Do's I I / Qué hacer en internet I I

En esta sección seguiremos practicando
medidas de seguridad
en internet.

Internet Do's II / Qué hacer en internet II

*En esta sección seguiremos practicando
medidas de seguridad en internet.*

Reading Activity

Amy is writing the second part of her article about things that are permitted on the Internet. She wants you to have fun on the Internet but also be safe. She recommends setting limits for children's use of the Internet by establishing guidelines for acceptable content and appropriate language. Always think about what you post and be careful when posting pictures and images of oneself and others. Make sure that you use antivirus and antispyware and keep them up to date. This is one of many steps to take to protect you from hackers. Establish rules for ordering products online and carefully review credit card bills. You should only input your credit card information on a secure site like *PayPal.com*. Remember to turn your computer off or lock your workstation when you are not using it. Use passwords that are difficult to guess and include numbers, symbols and upper and lower case letters. Remember to change your passwords regularly to limit your chances of being hacked.

Key words and expressions

Continuemos aprendiendo vocabulario y expresiones relacionadas con cómo actuar de manera segura en internet.

(Internet & Social Media)

to keep safe	*mantener seguro*
guidelines	*normas, pautas*
content	*contenido*
up to date	*actualizado*
to input	*introducir*
hacker	*pirata informático, hacker*
upper / lower case letters	*letras mayúsculas / minúsculas*
image of oneself	*imagen de uno mismo*

Don't forget to use a good antivirus.
No olvides usar un buen antivirus.

He often turns off his computer when he is not using it.
Él a menudo apaga su computadora cuando no la está usando.

Set limits for children's use of the Internet.
Establezca límites para el uso infantil de internet.

Exercises

Choose the correct option to fill the gaps:

1) Illegal copying or downloading of movies, software or any other material is known as _____.
a) pirates
b) plagiarism
c) piracy

2) A _____ is a person who accesses computer information legally or illegally.
a) hacker
b) thief
c) burglar

3) A _____ is a name or a symbol used to identify a product or a name of a company.
a) trademark
b) business name
c) nickname

4) When you _____, you add a descriptive word, label or a phrase to a video or photo.
a) tick
b) highlight
c) tag

KEY
1) c, 2) a, 3) a, 4) c.

Internet Do's II / Qué hacer en internet II

Traducción.

Reading Activity

Amy está escribiendo la segunda parte de su artículo sobre las cosas que están permitidas en internet. Ella quiere que usted encuentre diversión en internet, pero también se mantenga protegido. Recomienda poner límites al uso infantil de internet mediante el establecimiento de pautas para contenidos aceptables y un lenguaje apropiado. Piense siempre en lo que usted publica y tenga cuidado cuando publique fotos e imágenes de sí mismo y de otros. Asegúrese de utilizar antivirus y antispyware y manténgalos actualizados. Este es uno de los muchos pasos a tomar para protegerse de los piratas informáticos. Establezca normas para pedir productos en línea y revise cuidadosamente las facturas de la tarjeta de crédito. Sólo debería introducir la información de su tarjeta de crédito en un sitio seguro, como PayPal.com. No olvide apagar la computadora o bloquear su equipo cuando no lo esté utilizando. Use contraseñas que sean difíciles de adivinar e incluya números, símbolos y letras en mayúscula y minúscula. Recuerde cambiar sus contraseñas regularmente para limitar las posibilidades de ser pirateado.

Unidad **29**

Internet Don'ts I /
Qué no hacer en internet I

*En esta sección se tratarán acciones
que conviene tener en cuenta
para evitar problemas con el uso de internet.*

Internet Don'ts I / Qué no hacer en internet I

En esta sección se tratarán acciones que conviene tener en cuenta para evitar problemas con el uso de internet.

Reading Activity

Amy is writing an article about what not to do on the Internet. She says not to use your real name, address, telephone number or photograph online. Also, don't give out passwords or credit card numbers online. This is information that criminals use to steal your identity or access your banking information. Do not allow your child to meet face-to-face with someone they have met online unless you will be there. There are many predators online and it can be very dangerous for your child. Also, do not allow email from an unknown sender to be opened because it may contain a virus that can do a lot of damage to your computer as well as steal private information. You should also avoid opening attachments if you are unsure of the sender to avoid this same problem. Do not access unauthorized material or websites at work because they are monitored and you could be fired. And lastly, do not use illegal pirated software because you can be fined, arrested or both.

(Internet &
Social Media)

Key words and expressions

*Continuemos aprendiendo vocabulario y expresiones usuales
acerca de un uso indebido de internet.*

pirated software	*software pirateado*
to fine	*multar*
predator	*depredador*
unauthorized material	*material no autorizado*
to meet face-to-face	*conocer personalmente*
to allow	*permitir*
unknown sender	*remitente desconocido*
to be unsure	*no estar seguro*

I never open an e-mail from an unknown sender.
Nunca abro un correo de un remitente desconocido.

Giving out your password or credit card number online is risky.
Dar tu contraseña o número de tarjeta de crédito en línea es arriesgado.

Do not access unauthorized material / websites at work.
No accedas a material / sitios web no autorizados en el trabajo.

Would you open attachments if you were unsure of the sender?
¿Abrirías un archivo adjunto si no estuvieras seguro del remitente?

Exercises

Choose the correct option to fill the gaps:

1) _____ means that companies collect information about you based on your online behavior.
a) Investigate
b) Trace
c) Track

2) It´s an ad that pops up on your computer, trying to get you to click on it. This is known as a _____ .
a) blogs
b) pop-up
c) advertisement

3) Mike often _____ photos by adding or changing small details.
a) changes
b) transforms
c) retouches

4) A _____ is a site on the Internet where a number of users can communicate in real time about a particular topic.
a) chat room
b) conversation blog
c) classroom

Internet Don'ts I / Qué no hacer en internet I

Traducción.

Reading Activity

Amy está escribiendo un artículo sobre lo que no se debe hacer en internet. Dice que no use su nombre real, dirección, número de teléfono o una fotografía en línea. Además, no dé a conocer las contraseñas o números de tarjetas de crédito en línea. Esto es información que los delincuentes usan para robar su identidad o información bancaria. No permita que su hijo se reúna personalmente con alguien a quien ha conocido en línea, a menos que usted se encuentre presente. Hay muchos depredadores en la red y puede ser muy peligroso para su hijo. Además, no permita que se abra correo de un remitente desconocido porque puede contener un virus que provoque mucho daño a su computadora, así como robar información privada. También debería evitar abrir archivos adjuntos si no está seguro del remitente para evitar el mismo problema. No acceda a material o sitios web no autorizados en el trabajo, ya que son controlados y puede ser despedido. Y por último, no utilice software pirateado ilegal, ya que puede ser multado, arrestado o ambas cosas.

Unidad **30**

Internet Don'ts II / Qué no hacer en internet II

En esta sección seguiremos tratando
consejos para un uso seguro
de internet.

Internet Don'ts II / Qué no hacer en internet II

En esta sección seguiremos tratando consejos para un uso seguro de internet.

Reading Activity

Amy is finishing the last part of her article about what not to do on the Internet. She says not to hand in written material sourced online as your own work because this is plagiarism, which is illegal. This is a common crime committed by students and is sometimes done by accident. However, you are guilty of plagiarism regardless of whether you knew you were copying or not. Do not tamper with, or hack into someone else's computer, because it is a serious crime and is punishable by a fine, time in jail or both. Do not copy software or music you have not paid for, or received written permission to copy. There are many websites that offer free music or software, but it's illegal for them to do so without ownership of the copyright. Lastly, do not allow children to order anything offered as free without a parent's permission. This could be a scam and could put your computer's safety, or your safety, in very serious danger. These are a few tips that will help keep you safe and secure on the Internet.

Key words and expressions

Continuemos aprendiendo vocabulario y expresiones relacionadas con cómo actuar de manera responsable en internet.

(Internet & Social Media)

safety	*seguridad*
to hack	*piratear*
plagiarism	*plagio*
guilty of	*culpable de*
crime	*delito*
to commit	*cometer*
to tamper	*manipular indebidamente*
punishable	*punible, delictivo, castigable*
ownership	*propiedad*
scam	*fraude, estafa*

You can be guilty of plagiarism
without knowing it.
*Puedes ser culpable de plagio
sin saberlo.*

Offering free music without ownership
of the copyright is illegal.
*Ofrecer música sin la propiedad
de los derechos de autor es ilegal.*

Are you sure you know
what not to do on the Internet?
*¿Estás seguro de que sabes
qué no hacer en internet?*

Exercises

Choose the correct option to fill the gaps:

1) A _____ is someone who makes degrading or insulting remarks on a forum or other Internet message board.
a) predator
b) flamer
c) attacker

2) Someone who spends a lot of time at the computer is known as a(n)_____ .
a) mouse potato
b) couch potato
c) addict

Internet Don'ts II / Qué no hacer en internet II

Traducción.

Reading Activity

Amy está terminando la última parte de su artículo sobre qué no hacer en internet. Dice que no se entregue por escrito material sacado de la red como si fuera propio porque esto es plagio, que es ilegal. Este es un delito que frecuentemente cometen los estudiantes y a veces ocurre accidentalmente. Sin embargo, será culpable de plagio independientemente de si usted sabía o no que estaba copiando. No manipule o piratee la computadora de otra persona porque es un delito grave y se castiga con una multa, encarcelamiento, o ambos.

No copie software o música por los que no ha pagado o no haya recibido permiso por escrito para copiar. Hay muchos sitios web que ofrecen música o software gratis, pero es ilegal que hagan eso sin la propiedad de los derechos de autor. Por último, no permita que los niños realicen ningún pedido de algo que se ofrezca como gratis sin el permiso paterno. Podría tratarse de una estafa y poner la seguridad de su computadora o la suya en muy serio peligro. Estos son unos pocos consejos que le ayudarán a mantenerse seguro y protegido en internet.

TÍTULOS DE INGLÉS
MARIA GARCÍA

INGLÉS DE UNA VEZ

APRENDE INGLÉS DEPRISA

1000 PALABRAS CLAVE

INGLÉS MÓVIL

100 CLASES PARA DOMINAR EL INGLÉS

~•~

EL DESAFÍO DEL INGLÉS

INGLÉS SMS

CIUDADANÍA AMERICANA

PRONUNCIACIÓN FÁCIL:
LAS 134 REGLAS DEL INGLÉS AMERICANO

INGLÉS PARA HACER AMIGOS

~•~

INGLÉS PARA REDES SOCIALES

INGLÉS EN LA ESCUELA

INGLÉS PARA PACIENTES

HABLA SIN ACENTO

INGLÉS DE NEGOCIOS

~•~

INGLÉS PARA VIAJAR

INGLÉS PARA EL AUTO

APRENDE INGLÉS CON LOS FAMOSOS

Notas

Notas

www.ingramcontent.com/pod-product-compliance
Lightning Source LLC
Chambersburg PA
CBHW080505110426
42742CB00017B/3000